民间服饰

【中国民俗文化丛书】

刘魁立 张旭 主编
贺琛 著

中国社会出版社

图书在版编目（CIP）数据

民间服饰／贺琛著．—北京：
中国社会出版社，2006.9
（中国民俗文化丛书／刘魁立，张旭主编）
ISBN 978－7－5087－1467－7

Ⅰ.民…　Ⅱ.贺…　Ⅲ.服饰—简介—中国
Ⅳ.K892.23

中国版本图书馆 CIP 数据核字（2006）第 109030 号

丛 书 名： 中国民俗文化丛书
丛书主编： 刘魁立　张　旭
全案策划： 李春园
书　　名： 民间服饰
著　　者： 贺　琛
责任编辑： 邢幼弢
出版发行： 中国社会出版社　邮政编码：100032
通联方法： 北京市西城区二龙路甲 33 号新龙大厦
电　话：（010）66080300　（010）66083600
（010）66085300　（010）66063678
邮购部：（010）66060275　电　传：(010)66051713
编辑室：（010）66060097
网　　址： www.shcbs.com.cn
经　　销： 各地新华书店
印刷装订： 中国电影出版社印刷厂
开　　本： 155mm×225mm　16 开
印　　张： 11
字　　数： 100 千字
版　　次： 2011 年 4 月第 3 版
印　　次： 2014 年 9 月第 9 次印刷
定　　价： 18.50 元

序

中国民俗学会理事长　　刘魁立

人生活于文化之中，正像人离不开空气一样。《周易》说："观乎天文，以察时变；观乎人文，以化成天下。"无论汉语"文化"一词是否由此而来，这段话至少说明，我们的祖先向来对文化的重要性有十分清楚和极其深刻的理解。文化确乎是人之所以成为人、人类之所以成为人类的根本标志。人创造了文化，文化也创造了人，从这个意义上也可以说，人是文化的动物。

从文化本身来说，相当长一段历史时期的传统文化可以粗略地、也是相对地划分为两大分流，即所谓上层文化（或称高层文化、雅文化、精致文化……）和下层文化（或称基层文化、底层文化、低层文化、民间文化）。

民间文化是人民群众创造的最古老的文化，因为它的根源可以追溯到人类发展的初始阶段；民间文化同时也是最年轻的文化，因为它仍然活生生地存在于人民的日常生活和口碑之中。民间文化还是整个社会文化的基础，并且具有极强的生命力。上层文化往往是对民间文化选择、改造和精致化的结果。

民间文学、民间艺术是民间文化中最富色彩的一个组成部分。它在人类创造的一切艺术中，生命最活跃，涉及最广泛。它以古朴纯真的艺术手段，反映着人民群众的现实生活、理想和追求。它的无数珍品，是当之无愧的美的典范。没有了它，人类将失去多少童真的回忆；没有了它，人类的爱祖国、爱家乡将会缺少多少实际可感的具体内容；没有了它，人类的欢乐、悲伤也将变得干枯而平淡；没有了它，人类将会失掉多少生活的甘美和幽默……

万家社区图书室援建和万家社区读书活动，是建设社会主义文化和建设社会主义新农村的一项战略举措。我们，作为受到农民兄弟哺育和培养的知识界、文化界，有义务用学来的知识回报衣我食我的父老乡亲，这不仅是我们的社会责任，也是我们的荣耀。

中国民俗学会在这项重要活动中，承担有关中国民间传统文化的约50种图书的撰写工作，我们组织了学养很高的，包括大批教授、研究员在内的专家队伍，来完成此项写作任务。他们在相关领域里，学有所长，业有专攻，所有作者都以光荣志愿者的精神，以科学严谨的态度，用生动活泼的文字，把相关的准确而丰富的知识，呈献给农民兄弟和城镇社区的读者。完成这项具有重要意义的写作编书任务，是我们人生当中一件值得骄傲、值得自豪的事情。

中国民间文化是世世代代锤炼和传承的传统文化，其中凝聚着民族的性格、民族的精神、民族的真善美，是中华民族彼此认同的标志，是祖国同胞沟通情感的纽带。历史悠久、内涵丰富的传统文化也是我们中华民族对人类文化多样性发展的巨大贡献。急剧变化的时代在淘洗着传统的民间文化。在当今时代，我们尤其有必要对我们丰富淳厚、历史悠远的民俗传统立此存照，将其中的优秀部分及其真谛展示给广大民众，使他们对中华大地、对祖国同胞、对优秀的文化传统和淳厚的民俗民风怀有更深刻的眷恋、热爱和崇敬。继承和发扬中华民族创造的非常丰富而优秀的非物质文化遗产和民族精神，是我们的幸事，也是我们的历史责任。

我希望在大家的共同努力下，民间文化之花越开越鲜艳，为我们祖国、为我们中华民族赢得一个永恒的春天。

目录

引　言

服饰是人类生存的必需品，对人类有两大功能：一是实用，对个人是遮羞御寒，对社会是辨识身份。二是装饰，既可展示仪容风采，也要遵循风俗礼制。随着人类社会的发展与进化，服饰逐渐产生了不同的发展方向、形成了不同的款式风格。

古代中国文明发展迅速，国力强盛，有“衣冠王国”之誉。汉族是世界上人数最多的民族，历史源远流长、文化辉煌灿烂。汉族民间服饰经过不断发展和改进，实用功能和装饰作用结合得日益完善，创造了带有东方色彩的服饰风尚并对周边国家和地区产生了广泛影响。

我国民间服饰是各民族相互渗透影响而成的。在大量吸取了少数民族服饰文化的结晶之后，形成了以汉族服饰为主体的服饰文化。民间服饰的主要特点是款式为连身平袖的平面裁剪，而将装饰重点放在服装的质料、刺绣、印染和缝制工艺上。可以说，中国民间服装所具有的华美细腻的面料、繁复精致的工艺、线条流畅的造型、想象力丰富的图案使它们不仅具有实用功能，更具有装饰和欣赏价值。不断变化的衣装服饰，生动地展示了古人、今人对服饰美的崇尚和追求，也凸现了每一个年代留下的鲜明的历史印记。

第一章

民间服饰款式溯源

襜褕襦褂袄，裲裆褶衫袍——上装演变

在许多人印象里，汉族民间传统服装就是男子穿对襟短褂，女子穿大襟袄，下身都穿大裆裤，有时头上扎毛巾或花头巾。但实际上，这只是一种近现代民间服饰，还有许多种民间服饰已随着历史成为过往云烟。而在当时，那些服饰曾经流行于华夏大地，常盛不衰。

据史料记载，中国服饰样式最早形成于夏商周时期。在西周以前，中国人的正式服装主要是采用上、下分裁的“上衣下裳”制。上衣的样式一般为交领，衣长到大腿；下裳为前后两片的围裙，长至膝下。现在我们通常将衣裳二字理解为衣服，但在古代这是两个不同的概念。上身有衣，下身有裳的衣裳制度，是形成于五千多年前的中华服饰的基本形制。

春秋战国时期出现了把上衣下裳分裁再缝合在一起的连

属形制，称为“深衣”。分裁是因为要尊重“衣”和“裳”的制度，然后再缝接在一起是为了外形的美观和气度的庄严。深衣结构为直领斜襟、长至脚面，因为太短则露见其体肤，太长则覆被于地上。为了掩盖襟侧开露，衣襟还要镶边。深衣的衣襟是一大一小的，大的那片非常宽大，可绕身一周，将身体包裹的非常严实，“遍体深邃”，因此得名。穿时外面再加一条带系住即可。在很讲究礼的年代，人们的行动都很拘谨，尤其是服装的不方便使得动作更显矜持，给人增添了稳重的气质。深衣中有一种无衬里的单衣，称为禅衣。《说文》曰：“禅，衣不重也。”《释名·释衣服》曰：“禅衣，言无里也。”0.40 直裾而宽大的禅衣称作襜（chān）褕（yú）。到东汉时，襜褕就可做正式的礼服了。深衣这一形制对后来服饰产生了极大的影响。深衣以后出现了另一种上下连裁的服装，即“袍”。袍的流行时间最长，到现在还在用，我们经常可以在传统的婚礼上看到。

袍服最初只是一种纳有絮棉的内衣，所以穿着时必须加罩外衣，即深衣。到了汉代，除了用作内衣外，有时也可穿在外面，时间一长，就演变为一种外衣。它在形制上也发生了变化，一般多在衣领、衣袖、襟及衣裾等部位缀上花边。袖子为大袖，由宽大的袖身“袂”和往上收的袖口“祛”组成。袖身呈现为一条弧线，而连接收紧的袖口，形成飘逸的大袖，袖内还能收藏物品。上层人士平日可穿禅衣，即单层

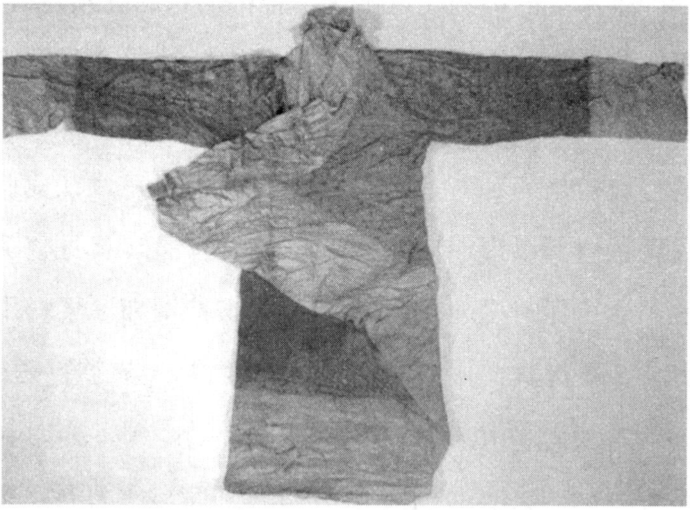

深衣
图片来源：www. ndcnc. gov. cn

的长袍。相对的，如果是夹层的就可称作“複”。禅、複这两个字也很符合我们对数字的理解。秦统一中国后，“袍”被规定为礼服。随着时间的推移，袍服的制作日益考究，装饰也更加精美。

襦是一种衣身狭窄短小的上衣，《急就篇》说，“短衣曰襦，自膝以上”。襦有单复，也就是说分单衣和棉衣，单襦与衫相近，复襦则与袄相似。袄长于襦而短于袍，衣身较宽松，为夹衣或棉衣，一般作为冬季内衣穿用。袄、襦流行时间最长。早在商代以前，上身穿短襦，下身穿裤子或在腿上缠绕斜幅绑腿的服饰就广泛流行于下层平民中，此种服装一直流传到后代。襦和袄的领型最初是交领、直领和圆领；隋唐时受外来服装的影响，还出现了各种形状的翻领，并将领、袖口等部位当作纹饰的重点，加施镶拼绫锦或金彩纹绘及刺绣工艺，使着装效果更加雍容华贵。

裲裆最初是一种背心，只有两片布帛，一片在前胸，一片在后背，肩部以带连接，后来则制成肩部与衣身整裁的款式。裲裆既可保持身躯温度，又不使衣袖增加厚度，手臂活动也方便，是男女都用的服饰。《玉台新咏·吴歌》道："新衫绣裲裆，连置罗裙里。"妇女穿的裲裆比较考究，表面往往加彩绣装饰；更主要的是在裲裆的里面，还纳有丝绵。这种裲裆成为后世"棉背心"的最早形式。起初妇女都将裲裆穿里面，《晋书·五行志》称："至元康末，妇人出裲裆，加乎交领之上，此内出外也。"就是把裲裆穿在交领衣衫之外。裲裆发展成为"背心"或"坎肩"后，既可作内衣也可作外套。

褶（dié），原是北方游牧民族的传统服装，是齐膝窄袖，没有絮棉的短夹衣。《急就篇》注："褶，重衣之最在上者也，其形若袍，短身而广袖。一曰左衽之袍也。"左衽是北方少数民族和西域胡人的衣服款式，而汉族传统则是右衽。

衫最初是无袖单衣，两侧开衩，功用是吸汗，有对襟及斜襟两种。后来衫加上了袖，在春、秋天也可穿在外面，被称为半臂和褙子。半臂和褙子是短袖式的罩衣，袖比衫短，身与衫齐。半臂衣袖的长短和宽窄可随意变化，有时紧窄，有时宽博。直到当代，半袖式衣衫仍然散发着时尚的气息。现在的衫已指代长袖单衣，失去了最初的意义。

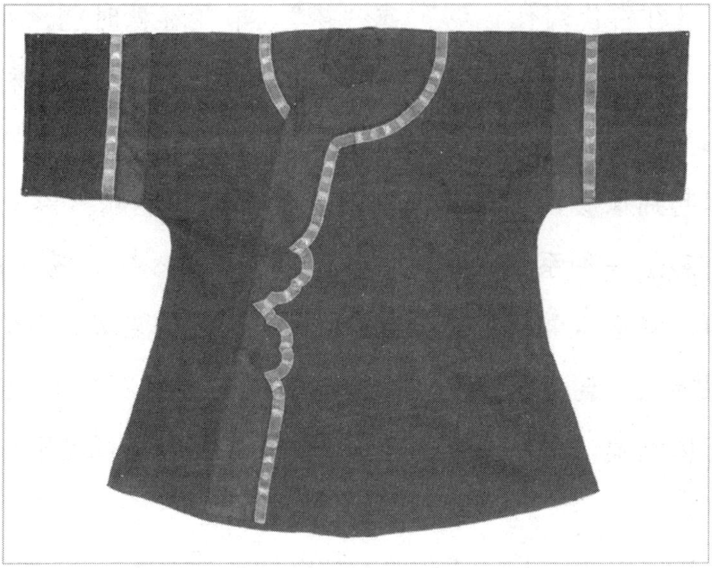

青莲缎琵琶襟镶边女袄

这些上衣在历史烟云中不断变化，除了袄、褂、衫、袍还在人们的生活中留有痕迹，其他服饰都只能从出土文物或古代文艺作品中才能看到，甚至连这些文字都已经被我们淡忘了。

涤器犊鼻裈，旋舞凤尾裙——多变裤裙

当我们看到街上年轻女孩们不断翻新的流行花样，不禁会感叹现代服装的多姿多彩。但实际上，我们祖先曾经穿过

的样式比这些要丰富得多，仅就下装的变化来说，款式就不下百种。

裤在古代写作“绔”或“袴”。早在春秋时期，人们就已穿着裤，但只有两只裤管，穿时套在腿上，所以这种裤子又称为“胫衣”。穿“胫衣”是为了遮护胫部，尤其在冬天可以起到保暖的作用，而膝盖以上部分只能靠“裳”来遮挡，裳是一种系在腰里的围裙状服饰。衣、裳、袴一起用，就可以将身体全部遮盖。当然，到了炎热的夏天，人们也可以只穿衣、裳而不穿裤。《礼记·曲礼》说：“暑勿褰裳，褰则下体露矣。”就是说，夏天不要撩开衣服，否则下体就暴露了。

西汉以前，上层社会妇女都穿这种“胫衣”。汉昭帝时，大将军霍光专权，上官皇后是霍光的外孙女。她为了阻挠其他宫女与皇帝亲近，就买通医官以爱护汉昭帝身体为名，命宫中妇女都穿“穷裤”，也称“绲裆裤”，就是在两个裤管间加以裤裆，但裆不缝缀，穿时用带子系住。当时宁可在裆上缚带，也不做成满裆，是为了便溺的方便，所以穷裤又有“溺袴”之称。当时这种裤子不仅女子穿，男子也有穿者。当然，现在只有小孩才穿开裆裤了。

除了过膝的长袴以外，汉代也有裤裆缝合的短裤，这种短裤多为平民百姓所穿，在当时叫“犊鼻裈”。《史记》中就载有汉代大文学家司马相如在出游临邛时，爱上了刚刚丧偶的富家之女卓文君，并携其同奔成都。卓文君的父亲卓王孙极力反对，立即断绝了对卓文君的经济供给。一代才子司马相如出于生活所迫，只能买下一个酒舍，靠卖酒度日。他让文君亲自当垆，自己则脱去外衣，只穿一条短裤洗涤酒具，弄得卓王孙非常尴尬，最后不得不承认这门亲事。

由于裤都被穿在里面，所以质料比上衣差，富贵之家也有用丝织品制作的，在社会上被公认为是奢靡之服。《汉书·叙传》提到穿“绮襦纨绔”的贵戚子弟。绮是有花纹的丝织物，纨是织造细致的生绢，都是很贵重的。后来，人们用“纨绔”专指富贵人家不务正业的公子。杜甫有诗句“纨袴不饿死，儒冠多误身”，用纨袴与儒生对比，包含着纨袴者不学习、不向善之意。

魏晋南北朝是裤子的盛行时期，因受异域生活方式的影响，这个时期士庶百姓都以着裤为时尚。当时的裤子形制比较宽松，尤其是两只裤管，往往做得十分肥大，俗称“大口裤”。和大口裤相配用的上衣则较为合体，名为“褶”。褶和长裤穿在一起叫做“袴褶”。当时男女都穿袴褶，如《西河记》载“西河无蚕桑，妇女以外国异色锦为袴褶。”由于裤管过于肥大松散，行动不便，人们就用丝带将裤管的膝盖处紧紧系缚，这样就比较便捷了，这种缚带的裤子叫做“缚袴”。现在，我们在看民族舞蹈或皮影戏时还能看到缚袴的造型。

魏晋以后，袴、裈二字合用，合裆之裈既可称“裈”，也可称“袴”。和上衣一样，为了御寒，裈可以做成夹的，或絮进棉、麻，称为“复裈”。《世说新语·夙惠》说：韩康伯小时候，家里非常贫困。冬天很冷他只有复襦而没有复裈，母亲要为他做，让他拿着熨斗。他说，不用了，熨斗中有火，柄就是热的，我现在穿复襦，腿上也应该暖和，不用做复裈了。

唐代妇女虽然喜欢穿裙，但裤子并没有被废弃，尤其在“胡服”盛行之时，都以穿裤为时尚。缚裤依然存在，不过多用于军将、仪卫。普通男女的裤子与魏晋南北朝流行的大口裤相反，通常做得比较紧窄，裤脚部分也明显收束。

宋代时又将裤子的祖先——胫衣，纳入流行之列，壮大了裤子的家族。只是先秦时期的胫衣多贴体穿着，而宋明时期的膝裤可加罩在长裤之外。两宋时期的男女，不分尊卑，都穿膝裤。《朱子语录》记称，南宋奸臣秦桧在朝为相，虽然得高宗皇帝的重用，但高宗对他也时有防范。秦桧死后，高宗终于松了口气，对臣下说：“朕今日始免膝袴中置匕首矣！”可见，连皇帝平常也穿膝裤。

明代膝裤多制成平口，上达于膝，下及于踝，穿时以带系在小腿上。清代称膝裤为“套裤”，因为它的长度已不限于膝下，也有遮覆住大腿的。同时，缠足女子所用的膝裤被称为“藕覆”。秋冬季也有做成夹裤或在夹裤中絮棉的。裤管的造型也有多种：清初时呈直筒状；清中叶变为上宽下窄，为了穿着方便，多在裤脚部分开衩，穿时以带系结。到了晚清时期，又崇尚起一种宽松式的套裤，裤管之大比最初翻倍。这个时期的裤管上脚大多被裁制成尖角状，前面较长，穿着时露出臀部及大腿外侧，有绳可系于裤带。妇女所穿的套裤，色彩也较鲜艳，裤管下脚常镶有花边。除套裤以外，普通的长裤在明清两代仍然被使用着，既可衬在袍衫长裙之内，也可和襦袄等服配用穿在外。

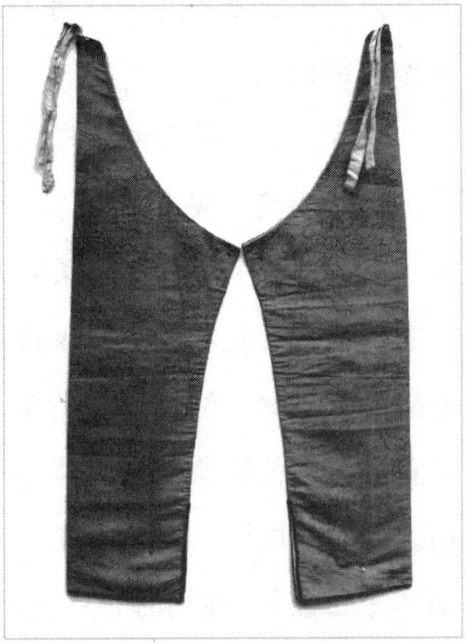

豆绿暗花绸套裤

裙子是从裳演变而来的一种服饰。古代“裙”、“群”二字同源，群表示多，就是指一条裙子通常由多幅布帛拼制而成，所以有“裙”的名称。穿裙子大约是汉代以后才开始的风习。在湖南长沙马王堆汉墓中，发现了完整的裙子实物，用4幅素绢拼制而成，上窄下宽，呈梯形。裙腰也用素绢，裙腰的两端分别延长一截，以便系结。整条裙子不用任何纹饰，也没有缘边，当时称“无缘裙”。劳动妇女穿长裙劳作时，需要将长裙撩起来，系在胯间使其短些，以便于操作，称作“缚裙”。

魏晋以后，裙子的式样不断增多，色彩也更加丰富，装饰也日益讲究。两晋时期流行起一种名为“间色裙”的裙子，以两种以上颜色的布条间隔而成，整条裙子在制作时被剖成数道，几色相间，交映成趣。开始间色裙每幅较宽，色彩搭配有红绿、红黄等。后来，整条裙子间色的布幅变得愈来愈窄，颜色也愈来愈丰富。隋代妇女的裙子样式基本承袭南北朝时的风格，但长度更长。间色裙常被剖成12间道，俗谓“十二破”，在当时有“仙裙”之美誉。

到了唐代，妇女的裙子长度有了明显的增加，长裙曳地是常见的现象。为了显示裙子的修长，妇女穿裙时常将裙腰束在胸部，甚至束在腋下，裙子的下摆则盖住脚面甚至在地上还拖曳一截。为了不妨碍活动，劳作时也要将裙幅撩起并系在腰间。唐代妇女的裙子宽度一般以广博为时尚，大多数都用6幅布连接而成，因而有“裙拖六幅湘江水”的形容。裙子色彩也非常丰富，年轻妇女最喜爱的是一种鲜艳的红裙，人们称之为“石榴裙”。武则天《如意娘》诗有言：“不信比来长下泪，开箱验取石榴裙。”后来“石榴裙”就被当作妇女的代称。另外，还有染成晕色的裙子，即以两种或两种以上的颜色染成色彩相间之状，两色之间的交接部分无明显界限，过渡自然，呈现出晕染效果，因此被称为“晕裙”。这个时期裙子上的装饰也名目繁多，有在裙上作画的，称为“画裙”；有在裙子上镶嵌珍珠的，称“珍珠裙”。最为精美的是唐中宗之女安乐公主所创制的百鸟毛裙，以百鸟之羽织成百鸟之状，正视为一色，旁视又为一色；日中为一色，影中又为一色，而百鸟之状皆见，可见其精巧至极。

宋代妇女的裙子色彩以素雅为主，裙身仍然很宽，通常的裙围都在6幅以上；随着裙幅的增加，裙上的折裥也就明显地增多。裙子施裥，裙幅便可增加，裙围也可增大，这样，穿着者蹲坐行走都比较方便。裙上施裥是东汉以后出现的风习，宋代在此基础上发扬光大。裙幅越多而折裥越细，因此有“百叠”、“千裙”的形容。宋代士庶妇女出行，喜欢骑驴，为了乘骑的方便，多穿一种前后开衩的“旋裙”。富贵之家还有用郁金香草来浸染裙子的，染出的裙子多为黄色，在身上能散发出阵阵香气，称为“郁金裙”。

辽金元时期，汉族妇女所用裙式基本沿袭宋代遗制。而少数民族的女裙，则较多地保留了本民族的特点。如辽金时期的契丹、女真族妇女多穿一种襜（chān）裙，颜色以深暗为主，上绣连枝花木，周身有6裥，裙内用铁条圈架作裙衬，使裙摆扩张蓬起，显得华丽富贵，与我们现在穿的欧式婚纱相似。

明代恢复了汉族习俗，女裙形制仍然保存着唐宋时的特色。曾风靡于唐代的红裙，宋代的百裥裙，到了明代再度流行。裙子的长短、裙褶的多少，随流行之风不断变化。明初女裙崇尚质朴、清淡，没有明显的纹饰。到了末期，则追求起华丽的格调，如以缎裁剪成条状，每条绣花，两畔则镶嵌金线，因为造型与凤尾相似，故被称为“凤尾裙”。另有一种画裙，折成数十细褶，每褶各用一色，轻描淡绘，色彩清雅，五色俱备，风动时色如皎月之光华，因此取名为“月华裙”。更有一种“百花裙”，裙上绣或织有大小相间、形态各异的花朵，成为明代礼服中的一种裙式。

清代初期的女裙，仍保存着明代的遗俗，有凤尾裙、月华裙等式样。后来随着时代的推移，也有许多新型的裙式问世。如“弹墨裙”，它是以浅色绸缎为底，上用弹墨工艺印上黑色小花，因色彩素雅，花纹别致而深受欢迎。凤尾裙有三种类型，第一种是在裙腰间下缀绣花条凤尾；第二种是在裙子外面加饰绣花条凤尾，每条凤尾下端垂小铃铛；第三种是上衣与下裙相连，肩附云肩，下身为裙子，裙子外面加饰绣花条凤尾，每条凤尾下端垂小铃铛。这第三种凤尾裙，在戏曲服装中称为“舞衣”，在生活服装中也作为新娘的婚礼服用。

此后，裙子的式样越来越多，随时有变，有在裙上装满各种飘带的；有在裙幅底下缀以无数小铃，使之叮当响的；也有裙幅下绣满水纹，随着人体的行动，一折一闪的。而传统的百裥裙在这个时候也经过了改制，成为前后有 20 厘米宽

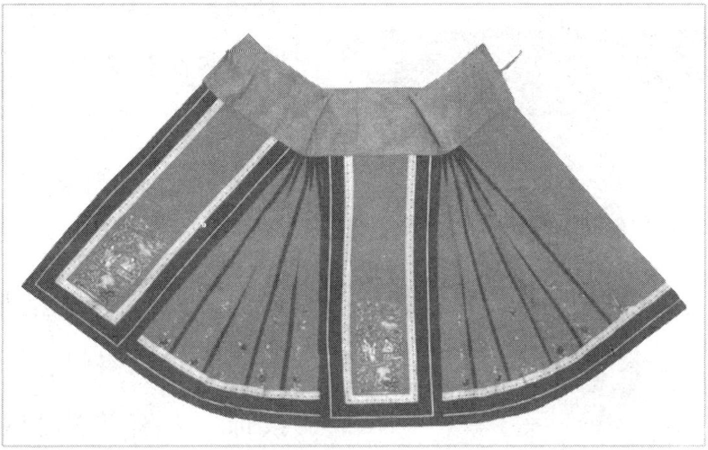

红暗花绸刺绣马面裙

凤尾裙

的平幅裙门，裙门的下半部为主要的装饰区，上绣各种华丽的纹饰，边加缘饰；两侧各打细褶，每个细褶上都绣有精细的花纹，上加围腰和系带，底摆加镶边。鱼鳞裙，形式与百褶裙相同，因百褶裙的细褶日久容易散乱，后来以细丝线将百褶交叉串联，若将其轻轻掰开，则褶幅展开如鱼鳞状。襕

喜袄、喜裙

干裙，形式与百褶裙相同，两侧打大折，每褶间镶襕干边，裙门及裙下摆镶大边，色与襕干边相同。马面裙，前面有平幅裙门，后腰有平幅裙背，两侧有折。裙门、裙背加纹饰，上有裙腰和系带。还有红喜裙，为新娘的婚礼服，式样有单片长裙及襕干式长裙，以大红色地绣花，与大红色或石青色地绣花女褂配套。红喜裙在民国时期仍为民间普遍使用的女婚礼服。

一统六合帽，平定四方巾——冠帽巾帻

帽子的产生最初是因为防暑御寒的需要，如《后汉书·舆服志》记载：上古衣毛冒皮，后代圣人见鸟兽冠角，乃作冠冕冒。这也就是现在的“帽”。人们把树叶顶在头上以避免日晒雨淋，或将皮毛包在头上以防风驱寒，就是最早的帽子。现在各种取自自然界的帽子仍在边远地区流传着。如鄂伦春猎人戴狍头帽，是用整个的狍子头皮做成的，还带着头盖骨和角，打猎时能起到伪装作用。后来圣人看到鸟兽都有

冠和角，而人没有，于是就发明了冠饰。

我们经常可以从古装影视剧中看到，古代男子与妇女一样，也梳发髻，头上总是戴着各式冠或帻，显得潇洒飘逸。这种装束由于清代剃发制度而消失了，只留给我们对远古的想象。

冠，是一种只戴于头顶，固定发髻的罩子，有玉制的、木制的和金属制的。冠的形制为一个冠圈上覆以冠梁，罩在头顶的发髻上，用笄（簪）横插过头发与冠冕，把它们固定在一起。为了防止冠冕掉下去，在冠圈两旁有丝绳，叫缨，可以在下巴下面打结。起初，人们戴发冠只是为了美观，样式也没有什么具体的规定。大约在商朝，开始出现冠服制度。通过冠帽就可以区分出一个人的身份和等级。如，皇帝戴冕冠，诸王戴远游冠，近臣戴高山冠；文儒戴进贤冠，武将戴武冠，执法者戴法冠，等等。

古时候，戴冠是上层男子的特权；下层男子是不能戴的，只能戴巾或帻。帻是一块小头巾，作用是盖住发髻，可以一直盖到前额。帻可以和冠一起戴，也可以单独戴。

巾最初为平民所戴的一种头帕，根据材料和佩戴方式的不同又称绡头、络头、帕头、陌头等各种名称；后来变为一种经过制作的帽子，并且打破了士庶的界线，即使款式相同，但从质料上也可分出高下。如：“汉末王公……以缣巾为雅……虽为将帅，皆着缣巾。”缣巾是由细绢制成，王公贵族多采用。“巾以葛为之……居士野人，皆服巾焉。”葛巾则是由蔓草茎纤维制布而成，为平民百姓所使用。魏晋南北朝时期，戴巾风气十分流行，成为时尚的标志。如诸葛亮的“羽扇纶巾”是三国时名士的装束，显出一种从容儒雅的风度。

唐代的幞头也是巾的一种，原为庶民所戴，后来进入上层社会并创造了多种形式，如文官戴展脚幞头，武官戴交脚幞头。因为幞头经常是用青黑色的纱做成，所以也叫“乌纱帽”。隋唐的幞头一般都用黑色纱罗制成。而宋代的幞头却不限于黑色，在隆重场合也可戴颜色鲜艳的幞头，有的还在幞头上插以金银、罗绢等制成的花朵；现在我们在戏剧服装中还可以见到这种装束。

明代巾帽式样繁多，士大夫所戴的有汉巾、晋巾、唐巾、诸葛巾、纯阳巾、东坡巾、阳明巾、九华巾、逍遥巾等多种，甚至还有用马尾织成的巾。不过，明代民间使用最为广泛的是网巾、四方平定巾和六合一统帽。

网巾是一种系束发髻的网罩。为了不使发髻散垂，明代男子特制网巾包裹发髻。网巾通常是以黑色的丝绳、马尾或棕丝编织而成，也有用绢布做成的。平常家居可以露在外面，外出时却必须戴上帽子，否则会被认为失礼。网巾的造型如同渔网，网口用布帛作边，俗谓“边子”。边子旁缀有金属制成的小圈，圈内穿有绳带，绳带收紧，即可笼住头发。在网巾的上口，也开有圆孔，并缀以绳带，使用时将发髻穿过圆孔，用绳带系紧，名为“一统山河”。明末天启年间，形制变为“懒收网”，就是只束下口而省去上口绳带。

四方平定巾是以黑色纱罗制成，可以折叠，呈倒梯形造型，展开时四角皆方，也称“方巾”，或称“四角方巾”。四方平定巾初兴时，高矮大小适中，其后总在变化，到明末则变得十分高大，故民间常用“头顶一个书橱”来形容。

六合一统帽，也称“六合巾”、“小帽”、“圆帽”，是以罗缎、马尾或人发做的，裁为六瓣，缝合一体，下缀一道帽檐，以“六合一统”为名，取意安定和睦，天下归一。因为在政治上有一定象征意义，故也是由政府规定令全国通行的帽式，通常多用于市民百姓，而官吏家居时也常戴。

清代的瓜皮帽是沿袭明代的六合一统帽而来，又名“小帽”、“便帽”、“秋帽”。瓜棱形圆顶，下有帽檐，红绒结顶，有的内衬帽胎。帽胎有软硬两种，硬胎用马尾、藤竹丝编成。帽檐用锦，顶后垂有红缨。清中期还在帽上用捻金线施绣，加缀珠玉。瓜皮帽的款式也有微小变

瓜皮帽

化，帽顶尖的叫做“盔衬”，毛皮做帽檐的叫做“困秋”，中浅而缺的叫做“兔窝”，胎软而能折叠的名“军机六折”。到清末，帽顶结子收小如豆大，结色用蓝，帽檐作多层重叠，有的重叠至七八层之多。

历史上，女子有一种帽子也值得一提，就是幂篱。中国妇女“蔽面”的风俗由来已久，幂篱是为妇女出行时遮蔽脸容，不让路人窥视而设计的帽子。《礼记·内则》记：“女子出门，必拥蔽其面。”汉代女子有头戴“面衣”（或称“面帽”）的习俗。隋唐时期，从西域传入幂篱，是用藤席或毡笠做成帽形的骨架，糊裱缯帛。有的为了防雨，再刷以桐油，然后用黑纱全幅缀于帽檐上使之下垂，黑纱称为“帽裙”；幂篱的帽裙长可障身。后来，帽裙缩短至颈部，称为“帷帽”。帷帽四缘改为垂挂一圈网子，可以不妨碍视线。考究一些的还在网帘上加饰珠翠，就显得十分华丽了。现在我们经常可以看到有垂网的西式女帽，戴上使人平添一种

绛红缎女风帽

高贵气质，其实我们的祖先在很早的时候就已经打扮得这么时髦了。

貂裘镶暖耳，珠绣饰抹额——缤纷首饰

先看一段东汉末年诗人繁钦的《定情诗》（节录）：

我既媚君姿，君亦悦我颜。
何以致拳拳？绾臂双金环。
何以道殷勤？约指一双银。
何以致区区？耳中双明珠。
何以致叩叩？香囊系肘后。
何以致契阔？绕腕双跳脱。
何以结恩情？美玉缀罗缨。
何以结中心？素缕连双针。
何以结相于？金薄画搔头。
何以慰别离？耳后玳瑁钗。

从中可以看出，汉代妇女的首饰非常丰富，诗中已出现了臂环、戒指、耳环、香囊、手镯、挂饰、簪、钗等佩饰。到了隋唐五代时期，社会生活异彩纷呈，人们审美情趣提高，创造出辉煌灿烂的佩饰文化。其中，头饰有簪、钗、步摇、胜、梳、篦、金钿、珠花、簪花等；颈饰有项链、项圈、念珠、璎珞等；耳饰有耳环、耳坠；首饰有指环、手镯、臂钏

等，而每一种佩饰又有许多样式。这里有许多种首饰直到今天我们仍在使用，但有一些已随着历史消失了。现着重看以下这几种。

点翠发簪

簪，也称“搔头”。商周时期的古人就开始用簪了。簪的用途有两种：一为安发，二为固冠。簪在古代是男女通用的。杜甫有“白头搔更短，浑欲不胜簪”的诗句。古时的簪与冠一样，地位很高，皇帝在节日里赐给大臣的礼物通常便是簪。簪还象征着尊严，当时还规定罪犯不许戴簪，即使贵为后妃如有过失，也要退簪。古代女子的簪多加花饰，而男子的簪式样较为简单。男子用簪的历史于清初在血泊中废止，现在我们只有从道士的装扮上还能看到它的风采。钗与簪类似，区别在于插入发中的股，簪是一根而钗为两根。而且发钗为女子所用，所以古代以“裙钗”代指女子。钗制作精美，钗首制成各种精美的花朵，实际上起着鬓花的作用。唐代发钗顶端的花饰愈做愈大，几乎与钗股等长。唐代后妃、命妇所簪“花树”就是较大的花钗。清代的簪钗上多镶嵌翠鸟羽毛，名为“点翠”，色彩蓝绿晶莹，并能随光线而变化。贵族妇女的簪钗极尽奢华，而贫穷妇女一般则以素面或錾花银簪饰发；更为贫苦的只能以“荆钗”固发，旧时男子对自己妻子谦称“拙荆”，即是来源于此。

步摇是古代妇女的重要首饰之一，其实为簪、钗的一种装饰形式。多以金银丝编为花枝，上缀珠宝花饰，并有五彩珠玉垂下，使用时插于发际，随着行走时步履的颤动，下垂的珠玉便不停摇曳，故名“步摇”。步摇在先秦时期已出现，到魏晋南北朝时期，南方的步摇形制非常精致富丽。步摇上缀以美丽的珍珠、翡翠，饰以用薄金片和玛瑙精制的花朵，花叶相间，栩栩如生。把它插在云髻前，枝弯珠垂，珠玉摇动，非常动人。这一时期步摇并非贵族妇女之专利，民间女子也多享用。

步摇

梳子本为整理头发所用，早期的造型为竖直状，装饰朴素。到了魏晋时期，梳子上开始雕刻精美的纹饰。唐宋时，梳子变为扁宽形，装饰日益精巧，千姿百态，并成为女子重要的发饰。盛唐时妇女开始在发上插戴花梳，起初只在髻前单插一把，以后逐渐增加，以两把梳子为一组，上下相对而插。晚唐时还有在髻前及其两侧共插三组的，同时，梳背的装饰亦日趋富丽。宋代流行插大梳，竟达一尺余，并且崇尚角制，后来被诏令禁止。其后，花梳多为银制，纹饰繁复细致。插梳的习俗到元代以后逐渐衰落，现在南方少数民族还保持着这个习俗。

暖耳，也称“耳罩”、“耳套”、“耳包”，唐人称“耳衣”，明人称“暖耳”。据《明史·舆服志》载，明代万历以前，百官于十一月皆戴暖耳，后流行于民间。这种暖耳是用黑色绸缎制成一个头箍，宽约2寸，两旁用长方形貂皮裘垂于两肩，这种暖耳只能是官员所用，民间禁戴。清代暖耳为民间御寒护耳而制，在北方地区非常流行，多为女子所用；分内外两层，外层绣有花卉图案，内层为一耳形窄边，戴时将内层窄边套于耳轮之上，即可挡风保暖。形状多为心形的、桃形的，用各色丝绸精制而成，上绣各种吉祥纹样；一般多絮有薄棉，有的还在外侧边缘镶有裘皮，更为华丽美观。

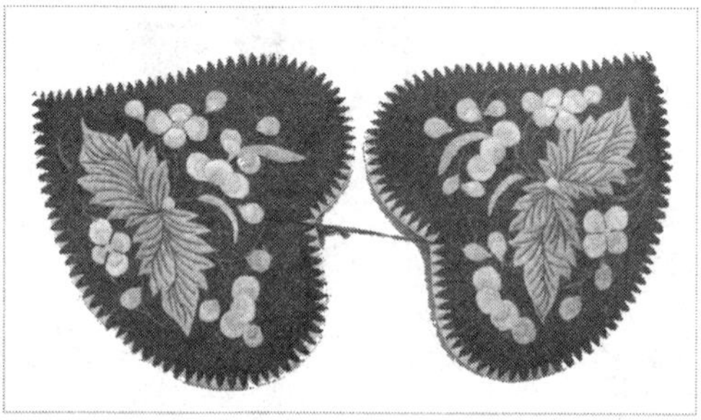

暖耳

抹额，也称“额带”、“头箍”、“发箍”、“眉勒”、“脑包”，为束在额前的巾饰，一般多饰以刺绣或珠玉。抹额最早为北方少数民族所创的避寒之物。《后汉书·舆服志》注，胡广曰：“北方寒冷，以貂皮暖额，附施于冠，因遂变成首饰，此即抹额之滥觞。”唐宋时期，抹额为男子幞头内所衬的头饰，而且官阶不同，抹额的色彩、工艺也不同，如宋代教官用红绣抹额，招箭班为紫绣抹额等。明代时，抹额也开始为妇女所使用。起初女子用额帕，以综丝制成，结成网状，罩住头发；后来采用布帛，冬季为乌绫以御寒，夏季则用乌纱。到了明末，额帕多用二幅，每幅方一尺左右，斜折成宽一寸左右的条状，一幅戴于内，另一幅覆于外；又作方结加于外幅的正面。如此日日戴上卸下，显得有点麻烦。因此，妇女们便根据自己的发额头围的大小剪裁，夹衬较厚的锦帛，一般用乌绒、乌绫、乌纱等制作，称为“头箍”，又称为“乌兜”。使用时，一戴即可，一取即脱，极为便捷。头箍的形式变化多样，最初流行宽的，后来又崇尚窄的，还有在两侧多裁出两个护耳的款式。富贵权豪势要之家的妇女在戴头箍和乌兜时，常点缀金玉珠宝翡翠等首饰。冬季所用的除上述质料外，更多则采用兽皮，考究者用貂鼠、水獭，俗称“貂覆额”，或称“卧兔儿”。甚至还有以金银雕花制成抹额的，镶珠点翠，熠熠闪光。除勒子外，还有一种金约，类似勒子形制，但比勒子还要窄些。眉勒在北方比较实用，因此流行起来经久不衰。

古代的耳饰的种类非常丰富，大致可分为耳珰（dāng）、耳珠、耳环、耳坠等；还有耳珠，类似于现在的耳钉、就是在耳垂部位穿有珠钉、珠饰于耳垂前。汉乐府《孔雀东南飞》中，描写刘兰芝“腰如流纨素，耳著明月珰”。耳珰是一种直接塞入耳洞中的饰物，一般呈柱形，中腰略细，这就要求耳洞很大才能放进去。耳环就是一环形饰物；耳坠就是在耳环下坠有其他装饰，行动时则晃动，类似步摇的效果。李笠翁在他的《生容》里说，耳饰里小巧简洁的耳环为“丁香”，繁复华丽的耳坠为“络索”。除了耳珰，其他的耳饰仍在我们现代生活中流传。而耳珰，仍出现在南方少数民族妇女的耳垂上。

肩臂绕彩缕，襟前覆霞帔——女装佩饰

我们经常可以在古代仕女图中看到衣袂飘飘的柔弱女子，肩披彩帔，臂缠飘带，如仙似幻。而再看我们社会中流行的服饰，论功能只有披肩、围巾、丝巾与之相仿，但那种浪漫飘逸、神采飞扬的装饰作用却是无法替代的。

帔始于南北朝时期，近似今日的披风，男女都用。唐代帔子近似后世的云肩、背心，有防寒和装饰双重功能，为女子常服。后来式样渐趋俏丽，秋冬季用较厚重的帔子，可遮风暖背；而夏季或室内用的轻薄、细长的带子——“帔帛”，可装饰身姿。帔帛与服饰相互映衬，虚实结合，动静相宜，

使服装更富有艺术魅力。帔帛披戴的方式多样，一般是披于颈间领下，后绕肩背，两端垂在臂旁；也可把一头固定在裙子系带上，另一头由前胸绕过肩背，搭着手臂下垂；还能将披在两肩旁的垂端结于胸前，好像穿着一件马甲。五颜六色的帔子使妇女服饰更显丰富多彩。唐代妇女穿窄袖袒领的上衣，束胸长裙，帔帛绕肩曳地，形成典型的大唐风尚。

隋唐以后，人们常赞美帔子美如彩霞，所以有了霞帔的名称。如白居易《霓裳羽衣舞歌》中就有诗句“虹裳霞帔步摇冠”。到了宋代，霞帔正式被用作命妇礼服，非恩赐不得服，并随品级高低在刺绣纹样上有所不同。与霞帔相对，民间通行直帔。明代的霞帔形似两条彩练，绕过头颈，披挂在胸前，下垂一颗金玉坠子，如明代《名义考》中所述：“今命妇衣外以织文一幅，前后如其衣长，中分而前两开之，在肩背之间，谓之霞帔。”清代霞帔演变为阔如背心，下缀彩色流苏，是诰命夫人专用的服饰。霞帔中间缀以补子，补子所绣纹样，一般都根据其丈夫或儿子的品级而定，而武官的母、妻不用兽纹而用鸟纹。另外，普通妇女在婚嫁及入殓时，可以“借穿”凤冠、霞帔。

云肩最早为古代北方少数民族女子的肩饰，后来被汉族采纳，盛行于隋唐女装之中。多用锦、绣制成，披于肩背四周，用云纹花边，底边缀以丝穗。元代成为官服定制，贵族男女都用，为四合云式，用四个云纹组成，胸背两肩各有一

三品霞帔

个云头。明代以后云肩广为流行，大多数为四合如意式，还有柳叶式、荷花式等等，都绣有吉祥纹样，如富贵牡丹、多福多寿、连年有鱼等。明清时云肩为命妇礼服装饰物，贵族妇女所用云肩，制作精美，有的剪裁为莲花形，或结线为缨络形，周围垂有流苏。清代妇女在婚礼服上也用，一般为红色云肩四周垂绿色吊穗。清末江南妇女梳低垂的发髻，恐怕衣服肩部被发髻油腻玷污，所以也在肩部戴云肩，但要朴素得多。

雅士披鹤氅，学子着襕衫——文人风范

“达则兼济天下，穷则独善其身”，“进则朝廷庙堂，退而江湖山野”，这是中国古代文人的典型处世写照。中国文化以儒、道为主，儒家文化刚健、有为、进取、入世的精神表现得比较突出，道家则偏重于阴柔、无为、退守、潜隐的精神。所以，文人在盛世时则表现得很积极，求取功名，立志治世；而在乱世时往往散淡不羁，甚至狂妄桀骜，从而产生一种特殊的文士风度。

各个时期文人的穿着不尽相同，但基本特征都是宽大飘逸。如春秋时期的文人是峨冠博带，峨冠是高耸的头冠，博带是宽大的带子。秦汉时期“褒衣大袑”是儒者的典型服饰，褒衣为宽松的袍服，大袑为肥裆裤。魏晋时期的文人穿宽衣大袖，宋代文人头戴高而方正的巾帽，身穿宽博的衣衫。明代文人穿襕衫，清代文人穿长袍。即使到了近代，民国时期的文人仍然固守长衫。宽大的服饰之所以受文人喜爱，是因为它能够表明读书人的身份，说明不需要繁重的体力劳动，尽管不一定能像达官贵人一样完全不用劳动，但至少是上层社会阶层的特征。

“褒衣博带”从春秋战国、两汉、魏晋直至南北朝，一直在文人雅士中普遍流行，尤以魏晋最甚。魏晋时期是历史

上经济、政治最为混乱的年代，但在精神上却是极自由解放，最热情的年代。文人意欲进士又怯于宦海沉浮，只得自我超脱。除沉迷于酒乐之外，便在服饰上寻找宣泄，以傲世为荣，故而宽衣大袖，袒胸露臂。魏晋时期，尚行玄学之风，认为天地万物以无为本，强调返璞归真，一任自然。于是宽大随意的穿着风格成为魏晋的时代特征，以至于到了后来，人们把这样的服饰称为晋服。

文人服饰的另一特点是色调淡雅，黑白分明。如青衿，《诗·郑风·子衿》有句“青青子衿”。衿是指古代衣服的交领，也就是说衣服领子镶青色的边。《毛传》说：“青衿，青领也，学子之所服。”青衿旧时指代读书人，杜甫《题衡山县新学堂呈陆宰》有诗句：“金甲相排荡，青衿一憔悴。”明清科举时代以青衿专指秀才。现在看来，青衿的地位类似于我们当代的白领，是一种文化的象征。

青色、白色，都有一种脱俗的美感，所以这两种色彩是文人首选的，其中雪白的鹤氅最能代表这种文士风采。氅，原为无袖披肩斗篷，用以御风防寒，历代款式各有所不同。晋代的氅用鹤羽制成，称为鹤氅。《世说新语》下卷上《企羡》记：“尝见王恭乘高舆，被鹤氅裘。于时微雪，昶于篱间窥之，叹曰：‘此真神仙中人！’”王恭身穿雪白的鹤氅，表现出飘飘欲仙的儒雅风度，传为一时美谈。后来的氅为长而无袖的外衣，披于肩上，可称为氅衣。刘若愚《明宫史》

说："氅衣，有如道袍袖者，近年陋制也。旧制原不缝袖，故名之曰氅也。彩素不拘。"可知明代后，氅也有袖了，不过是宽博的大袖。到了清代，氅的意义更多，如斗篷和旗人女子的氅衣都可称为氅。斗篷也称"一口钟"，因为整件氅衣上敛下敞，没有衣袖，形如一口古钟，故得此名。清人曹庭栋《老老恒言》说："式如被幅，无两袖，而总折其上以为领，俗名'一口钟'，亦曰'罗汉衣'。天寒气肃时，出户披之，可御风；静坐亦可披之御寒。"

不管世风如何变化，读书人总喜欢效法古人，因此衣冠总是尽量遵循古制。如北宋司马光，曾考证古代深衣，做出来闲时穿，被文人传为美谈，当时却无人仿效。到了南宋，士大夫们兴起一股穿"野服"之风，野服的本意是在野之服，也就是远古时平民所穿或贵族家居所穿，而南宋士大夫们身着野服，意在以野为伴，不理朝政，表示不愿与朝廷投降势力同流合污。为了崇古，当时流行的野服采用了黄色的下裳，取"黄裳"之意，因为这是《周礼》中明确规定"上士元裳，中士黄裳，下士杂裳"。

"襕衫"从唐代起被指定为生员装束，《宋史·舆服志》记载"襕衫以白细布为之，圆领大袖，下施横襕为裳，腰间有襞积，进士及国子生、州县生服之"。这是一种接一横襕的男长袍。而明代儒生所着襕衫是一种斜领大袖袍，衣身宽松，两袖宽大，四周镶有大宽边；前系两带，膝下拼接一横幅，成为襕。可见，尽管两种襕衫略有不同，宋代是圆领而明代为斜领，但主要特征都是下摆拼接横襕，因为它取自古代深衣的制度，将上衣下裳先分而后合之。与其他官吏服饰一样，襕衫的穿着也有详细的制度，如："生员衫，用玉色布绢为之，宽袖皂缘，皂条软巾垂带。"

到了清代，男子不论士庶都必须穿满人衣装，飘逸出尘的文士风范也到此为止了。但长衫承袭了襕衫的标识作用，直到新中国成立后，长衫仍是文化人的代表。

乱世分裤褶，定国靠戎衣——短装军服

"袴、褶"是魏晋南北朝时期最为流行的一种服式。最初多用于军旅，以便于行军、作战。后来人们发现这套服装比中国传统的衣裳要简便、适体得多，所以纷纷加以采纳，并逐渐成为士庶百姓的常用之服。这是军服成为流行服饰的一个例子。

在漫长的岁月中，军旅、民间服饰相互影响。军戎服饰的制定体现了统治阶层的政治需要和封建帝王的个人好恶，有的则是受了当时文化艺术及审美倾向的熏陶，因此显示出强烈的时代特征。古代军戎服饰至少包括两大类型的服饰：一是戎装，一是甲胄。戎服是军人在军营内和日常生活中穿着的便服，武官有时还要加上一些表示官职的官服。甲胄是

军人作战时用于防护的装备，有时在一些重要典礼上也使用。

戎服早在部落战争时就开始出现，随着民族部落的不断兼并，战争越来越频繁，规模也越来越大，作战军队可达数万人。如此庞大的军队，又是几支部队配合，如果没有统一的服装，难以想象如何指挥。科技的进步也首先反映在战争上，金属武器的使用，使得戎服也不断改进。西周时青铜冶铸发达，铠甲已经向金属材料发展。但戎服制度尚未明确，帅与兵的戎服区别只在于兵的裳要比帅的短些，以便于奔跑；衣裳简陋些，衣料粗些。战国后期，出现了铁制铠甲。黄河流域的不少诸侯国已经开始创建骑兵，骑兵的出现必然要改变服装，于是紧身窄袖、长裤皮靴的胡服便成为了戎服。

秦代是我国历史上的军事强国，秦代的戎服，不分尊卑都一律上穿深衣，下穿小口裤，束腰。士卒腿上裹有行缠，足穿靴或履。西汉的铠甲全都是锻铁制成，又称为“玄甲”，因铁是黑色而得名，戎服与秦代相似。三国时期出现了新型铁铠，其中较重要的是“明光铠”和“两当铠”。明光铠是中国古代金属铠甲的一种主要类型，制作精良，不仅有披膊、腿裙，还有护项，胸背甲上各安上两个凸起的圆镜起反光作用；两当铠是由一片胸甲和一片背甲组成。魏晋时期的戎服主要是战袍和裤褶服。袍长及膝下，宽袖。褶短至两胯，紧身小袖，裤则为大口裤。铠甲和戎服外均束带。南北朝时期的武器装备生产发展到了一个全新的阶段，样式繁多，融合了多民族的服饰，而且因武官制度进一步完善，官兵在服饰上有了更明显的区别。在铠甲方面，不但种类多样，而且质量和制造技术也很高。

隋代的明光铠的腿裙变长，有的长至脚背，显然更适于保护身体。由于明光铠日趋流行，两当铠逐渐被淘汰。唐代的铠甲已经发展为多种形式，多为铁制。宋代锻造工艺发展，出现了比铁更坚硬的钢材，铠甲出现了金装甲、连锁甲、明光细钢甲等多种铁甲。辽代铠甲除沿袭宋代制式外，在胸腹部还增加大型圆护，用皮带吊挂在上腹前，然后用腰带固定。元朝之所以东征西讨战功显赫，依靠的是一支强大的军队，这支军队的主力全部是骑兵，尤其突出的是铠甲。元代铠甲制作极为精巧，有柳叶甲，有六层皮革衬里的铁罗圈甲，有象蹄筋翎根铠，有象蹄掌铠等。

明代的铠甲大部分是用钢铁制造的，技术十分先进，种类有齐腰甲、长身甲、鱼鳞甲、圆领甲等。明初的铠甲基本上沿用北宋的形制。明代中期火器进一步发展，于是随之诞生了新式铠甲。新式铠甲主要是锁子甲和布面甲，特点是轻便、结构简单而遮盖面大。源于元代的布里甲，到明代分成两类，一类仍像元代那样；另一类以布为表里，内装棉花，钉缀金属甲片而成，称为“绵甲”，轻巧而利于水战，同时在潮湿气候条件下不易锈蚀。清朝时期，由于火器进一步发展，近代兵器如枪、炮的性能也得到提高，使金属铠甲更加不受重视，因此清代的铠甲在前期还用于作战，中期以后纯粹成了一种装饰，只有在阅兵等典礼上有时还使用。清代中后期甲制已发展到用绸、布、棉花和铁叶、铜钉等合制而成的绵甲，更为轻便，适于战斗要求。

古代军鞋以靴、履、屐等主要鞋种构成。商墓中曾出土过保护小腿用的胫甲。西周后，人们开始用皮革制作军靴，并将铜泡钉装饰到皮靴上，以应战时的防护要求。战国时期还有其他式样的履，如楚墓中曾出土过一双由 3 块皮革相拼、浅帮无舌的“军皮鞋”，近似现代的设计；纳底布鞋这时期也已被广泛用作军鞋。秦始皇陵墓中每尊兵马俑都穿着与自己身份相符的军鞋，这说明秦时的军鞋已按兵种及等级而各异，材料和制作工艺已初步形成标准化。汉代军鞋不仅考虑实战需要，而且还十分讲究装饰，种类式样也日趋丰富，有复底鞋、圆口布鞋、草鞋，还有系带鞋。汉魏

清代甲胄

图片来源：www. ndcnc. gov. cn

之际，在军鞋上明显反映出北方少数民族的特点，足蹬长统靴成为魏晋南北朝武将武士的主要戎装之一。隋唐军鞋的主要款式仍受“胡气”影响，军鞋仍以靴为主，武官一律着乌皮靴。宋代基本上继承唐制，女将们甚至文官也配穿战靴，以应战事。元代的军鞋根据蒙制和汉制戎服的不同而异：蒙制武服的特点为窄口裤长皮靴，汉制武服则以软战靴为主要特色。明代的军鞋沿用唐宋之制，但等级比较分明。清代的军鞋，无论是材料、工艺及品种都极为丰富，征战时为薄底，以利战事；一般武官着布鞋，兵丁则缚行缠，着薄底鞋。北方寒冷地带也有着黑毡靴、乌拉鞋的。

抹胸肚兜红，抱腹腰上黄——女子内衣

古代内衣，也称“亵衣”，因为是贴身之服，平时不能轻易示人，否则为不恭，所以用“亵”。早在先秦时期，人们已有穿着亵衣的习惯。商周时期，内衣名叫“泽”，《诗经·秦风·无衣》中有“岂日无衣，与子同泽”。亵衣紧贴身体，可以吸收从体内排出的汗泽，故以“泽”字命名。汉代则干脆将它称之为“汗衣”，也有称“汗衫”的。

汉代内衣的款式，有多种形制，比较常用的有帕腹、抱腹和心衣。最简单的只是横裹在腹部的一块布帕，因称“帕腹”；稍微复杂一些的，就是在帕腹上缀以带子，用时紧抱

其腹，故名“抱腹”；如果在抱腹上加以肩带，则成了“心衣”。尽管有着繁简之别，但全都只有前片，没有后片，穿着这种内衣，后背部分是全部袒露的。

在汉代，还出现过一种内衣，这种内衣既有前片，又有后片；既可当胸，又可当背，因形得名，俗称“两当”，也写成“裲裆”。裲裆本来专用于内衣，它是后世背心的最早形式。大约在魏晋时，也被穿出在外，尤以妇女所着为多。在南朝时，还出现过一种类似裲裆的内衣，也制成方形，使用时遮覆在胸前，正看与裲裆无别，只是裲裆有前后两片，一片当胸，一片当背，这种内衣则有前片而无后片，因此被戏称为“假两”，意思是假的裲裆。《南史·齐本纪》中就有记载：“先是百姓及朝士，皆以方帛填胸，名曰假两。”反闭则是另一种内衣，前后两片相缝缀，穿着时在背后系纽。《释名·释衣服》称：“反闭，襦之小者也，欲向着之，领含于项，反于背后闭其襟也。”

南北朝时有一种内衣称作“袜”，但并不是今人的足衣，而是女子的内衣。隋炀帝的《喜春游歌》中有“锦袖淮南舞，宝袜楚宫腰”的诗句，咏的就是这种内衣。唐代妇女有一种名叫“诃子”的内衣，是一种束于胸腰部的无带内衣，类似现在的无肩带文胸。因为唐代女子喜将裙子高束在胸际然后在胸下系一阔带，肩、背袒露，外披透明罗纱，内衣若隐若现，因而为配合这样的穿着习惯，内衣必须为无带的。

因为诃子已成为着装效果的一部分，所以一般面料考究，色彩艳丽。

宋代以后的内衣称“抹胸”，类似于近代的肚兜。抹胸的上端和腰间各缀有帛带，以便系扎。因为不施于背，仅覆于胸，故名“抹胸”。抹胸穿着后上可覆乳下可遮肚，因而又称“抹肚”。平常人家多用棉制品，贵族人家用丝制品并在其上绣花；有单夹之分，形式不一。除了抹胸，腹部也有一种内衣称为腹围，是一种围腰、围腹的帛巾，繁简不一，颜色以黄为贵，时称“腰上黄”。到了元代，出现了“合欢襟”，这种内衣类似小背心，穿时由后及前，在胸前用一排扣子系合，或用绳带等系束。

明代妇女的内衣称为主腰，外形与背心相似。前开襟，两襟各缀有三条襟带，肩部也有带，腰侧也各有系带，将所有襟带系紧后可形成明显的收腰。另外在腋下部分，还缀有一带，系结之后正好将胸部裹紧，呈现出立体造型。

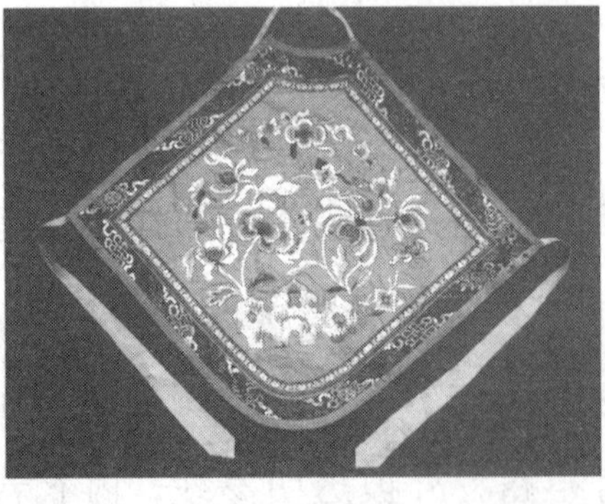

红缎刺绣肚兜

清代的抹胸也称“兜肚”，或作“肚兜”，一般做成菱形，上端部分裁为平形，上有带，穿时套在颈间；腰部另有两条带子束在背后，下面呈倒三角形，遮过肚脐，达到小腹。肚兜上一般有各类精美的刺绣。系束用的带子并不局限于绳，富贵之家多用金链，中等之家多用银链、铜链，小家碧玉则用红色丝绢。妇女所用的兜肚，一般多用粉红、大红等鲜艳的彩色布帛制作。秋冬之时所用兜肚，中间往往有絮棉，以利保暖。男子也穿兜肚，有些老年人还在兜肚中装入一些药物，以治腹疾。

到了民国初年，妇女的内衣又流行起一种马甲，非常短小，俗称“小马甲”。在小马甲的前片，缀有一排密纽，使用时将胸乳紧紧扣住。到了流行小袄、旗袍的时代，人们的

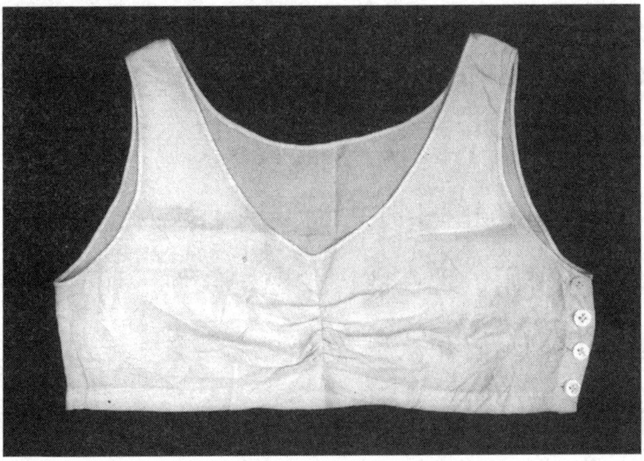

小马甲

传统观念有了转变，为了展示女性婀娜多姿的身材，小马甲进一步发展，并吸收了西方妇女内衣的一些特点，就形成了今天的胸罩。

新罗绣行缠，朱芾妆蔽膝——民间腿饰

远古时期人们在田地劳作，到野外采摘，渔猎，就用自然界中的动物皮或树皮等，先遮蔽身前，再遮蔽身后。后来懂得纺织，穿用布帛后，仍然保留了这种遮前身的服饰，这是尊重古道而不忘本的表现。《诗经·采薇》中有句“赤芾在股，邪幅在下”。“芾”就是一种遮蔽前身的服饰，古称“蔽膝”，现在称“围腰”。邪幅即“斜幅”，也就是行缠，类似现在的绑腿，如六朝乐府《双行缠》云：“新罗绣行缠，足趺如春妍。”《释名》说，“行缠，言以裹脚，可以跳腾轻便也。”用时可以缠绑于外，也可纳于袜内。春秋战国以来，绑腿广为兵卒采用，现在我国少数民族地区还有沿袭。

我国南方的人们在从事各种生产劳动中，由于湿热虫多，道路崎岖，多石多草，腿脚很容易受伤，对裙裤较短的山区民族来说，危害严重。所以，为加强对小腿的保护，南方民族多打绑腿。绑腿多为带状，但也有片块的。一般分单色和花色两种，花色又分花布、织花和绣花。绑腿使用的情况，也是相当复杂的。有的民族无论男女，也无论平时和节假日，都使用同样的单色绑腿。有的民族男的用单色绑腿，女的打花绑腿。有的民族平时使用单色绑腿，逢年过节、喜庆娶嫁时换用花绑腿。有的民族夏天裹麻布绑腿，冬季用毛毡绑腿。

不同的民族，绑腿的缠法也不相同。有的用腿布把腿包上，再系以带子，有的用很长的绑腿带自下而上一圈圈地缠绕，也有的在缠绕绑腿带时还缠出一定的花纹，形成几何图案并适当地展示出来，与服饰相呼应。

而我国北方民族多穿长统靴，已经具有较好地保护小腿的功能，因而绝大多数都不打绑腿。但也有个别民族例外。赫哲族冬天穿靰鞡，没有高统，因而使用裹腿。赫哲族的裹腿用鱼皮制成，具有鲜明的民族特色。

藕覆遮罗袜，丝履藏莲弓——闺阁足饰

裹小脚，也称缠足，就是把女子的脚用布条扎裹起来，使其变得尖小的习俗。现在缠足之俗离我们越来越远，只能在极少数曾祖母辈的高龄女性身上或可见到，而一百年前，这个比例恰恰相反。

缠足始于南唐后主李煜的妃子窅娘，“以帛裹足令纤小屈上如新月状，由是人皆效之。”北宋宣和年间，缠足开始在社会上流传，当时东京汴梁闺阁中出现了鞋底尖锐，两色合成的鞋，名为“错到底”。南宋以后，缠足之风日盛，小脚已成为临安时髦妇女的象征。元朝缠足之风远胜于南宋，在杂剧散曲中，描写人物时无不涉及纤纤细足，并出现“三寸金莲”之称。明代，妇女缠足已深入人心，甚至成为社会地

位、贵贱等级的重要标志。

清代，缠足到了登峰造极的地步，有些地区甚至还举办“小脚会”，供人欣赏品评。山西由于社会经济发达，缠足最为纤小，有“从来小脚说山西”之说。小脚受到了前所未有的崇拜，当时甚至总结出了“瘦”、“小”、“尖”、“弯”、“香”、“软”、“正”等七条小脚标准。在小脚盛行的地区，天足女人往往遭人耻笑，甚至难以出嫁。“娶妻要娶小脚妻”，成为男子择偶的普遍风尚。不缠足被视为没有教养，为了给女儿找个好婆家，做母亲的在女儿五六岁时就为其缠足，至缠成已是“小脚一双，眼泪一缸”了。

缠足之风最初盛行于权贵富豪、诗礼之家，但由于趋炎附势的从众心理，一般平民百姓也开始盲目效仿，使得缠足之风愈演愈烈，最终成为社会舆论的导向。清朝统治者本来反对汉族女子缠足，康熙年间曾经下诏禁止，但因缠足魅力强大，禁令仅颁布了几年便自动撤销。不仅如此，旗人女子也开始仿效，直到乾隆皇帝屡次下旨严禁，才刹住旗女缠足的风气。直至辛亥革命以来，社会上掀起轰轰烈烈的天足运动，缠足风气方才告终。

缠足相关的服饰包括弓鞋、藕覆、腿带、裹脚布等。

弓鞋得名于女子小脚鞋弯曲上翘如弓状。与其他鞋式一样，弓鞋也有很多流行款式和地域特色。如北方小脚多为纤细平直形状，因此弓鞋鞋底较为瘦长；而南方小脚为短小丰满的形状，因此弓鞋鞋底略呈三角形，并有很高的高跟。弓鞋的鞋底一般为硬木削成，山西富贵人家也有用翡翠作鞋底的。在不同场合，弓鞋的款式也不同，如套鞋是居家最常用的鞋子，鞋底中间弯曲如弓，有的嵌入小金铃走起路来叮当有声。喜鞋为新娘所穿，通常是黄色或红色，也有制成靴装，即由下面的“套鞋”和上面的“饰裤”相连而成的形式，流行于清末光绪年间。丧鞋为丧事或守丧时穿的，全鞋为白色，鞋面不绣花。雨鞋，在下雨天穿用，鞋跟不高，皮底或木头底，帮为布制的，上面敷上桐油以免受潮。棉鞋为冬天北方妇女穿的鞋子，帮内塞有棉絮或衬以毡子。睡鞋，是为了避免裹脚布在睡觉时松开，睡觉时穿的软底鞋。

藕荷缎绣花套鞋

清代常穿的有网子鞋，鞋头尖锐，成角锥状，鞋面用两帮合成，中间以丝线为网络相连接。跻底弓鞋，鞋跟为很高的圆柱状，鞋尖常饰鸡嘴凤头状。尖口鞋，鞋帮由两片合拢，鞋头纤瘦尖锐，走路时只有瘦窄尖锐的鞋尖外露，看起来更觉金莲纤小。

民国时提倡放足，因此鞋型较宽，而且出现了鞋店按型号制售的鞋款。如合脸鞋，前部圆尖，后部圆肥，有系鞋带与鞋带鼻，有皮底也有布底。深脸圆口鞋，鞋帮很高，鞋脸也深，鞋形肥圆，鞋底为皮底。方口两截鞋，由三片鞋帮合成，前面一片橄榄形，后面两片长方形。

裹脚布多为织成的长度约 1.5 到 3 米，宽度约 10 厘米的蓝细布，因受力过大，所以需常常更换。金莲小袜，是穿在裹脚布外的袜子，通常是白色，用于约束裹脚布不让它脱落。腿带是用于缠束在小腿上的带子，一般上绣精美的图案。饰裤或称藕覆，类似于明代膝裤，饰于踝部。内跟，是垫在鞋内跟部的木制垫子，形状像鞋跟，用以垫高后跟，从视觉上缩短脚的侧面长度。还有一些可装饰在藕覆上的银饰，起美化作用。

绛红缎绣花圆口鞋

闲适解脱履，妍姿漆画屐——屐鞋史话

鞋靴是服饰的重要组成部分，我国民间的鞋靴种类十分丰富，材质各异，样式繁多。有很多历史上有名的鞋式至今在边远地区仍然可见。

远古时期，人们用树皮或兽皮裹脚以抵御冰雪严寒，后来才由裹脚之物逐渐发展为真正意义上的鞋。制鞋材料多为就地取材，因此农耕民族穿草、木、丝、麻类，而游牧民族则多穿兽皮、毛毡类。

古代的鞋有许多名称，如履、屐、靴、屣、屦等字均为鞋的别称。随着社会的发展和纺织业的进步，鞋靴使用的材料也越来越广泛，有牛皮、丝织物、麻编物、布料、丝绸等，出现了大量的鞋的种类。到了殷商时期，鞋的式样、做工和装饰已十分考究，用材、施色、图案也根据服饰等级有了严格的制度，而且每个朝代鞋的造型、色彩都随着制服形式而变化。

古代的鞋子单底的叫“履”，复底的叫“舄”，以丝制者居多，形式有方头、圆头、双尖头等。魏晋时妇女鞋履有在丝鞋上织绣花纹的，名“花文履”；有将履头制成五瓣，形似朵云，高翘翻卷的，名“五朵履”；有在鞋上缀以五彩云霞的，名“五彩履”。另外还有一种名为“尘香履”的鞋子，是妇女睡觉时穿的鞋，因鞋内散有如尘的香料屑而得名。南朝时，出现了以木块或多层布片、皮革缝制而成的高底鞋，称“重台履”。唐代的履多为翘头履，以罗帛、纹锦、草藤、麻葛等面料为履面，底薄帮浅，轻巧便利，翘头有凤头、笏头等，美观大方。

古代还有解脱履，也就是今天的拖鞋，唐代王献著《炙毂子杂录靸舄》记载，“靸鞵、舄，三代皆以皮为之，朝祭

岐头履

图片来源：www. ndcnc. gov. cn

之服也。始皇二年遂以蒲为之，名曰靸鞋……晋永嘉元年用草，宫内妃御皆著，始有伏鸠头履子；梁天监中，武帝易以丝，名解脱履”。也就是说，上古时期就有皮拖鞋，并且是朝祭的服饰。秦始皇改为蒲拖鞋，晋代为草拖鞋，妃嫔都穿，而南北朝时由皇帝改为丝制的拖鞋，名称为解脱履。可见，拖鞋的地位也不一般。

木屐早在春秋时期就流行于齐鲁一带。晋文公想封赏曾割股肉为之充饥的介子推，但他拒不受封而隐于山中，文公以火烧山想逼之出仕，介子推抱树焚死。文公非常哀痛，便以该树制成木屐穿之以作纪念。这说明木屐早在先秦就很流行。魏晋以后木屐形式多样，用途也有所不同。晋代的平底无齿木屐，曾是行走蒺藜荆棘中的军旅工具。至南朝时期，穿木屐已十分普遍，上至天子，下至庶民，无不穿屐，但多为家居便装，不用于正式场合。当时还出现了一种前后齿均可卸下的木屐，上山时去其前齿，下山则去其后齿，因诗人谢灵运喜穿，故被称为“谢公屐”。后来，木屐主要在南方地区盛行，北方地区则以木屐为雨鞋。潮汕地处亚热带气候，气温高雨量多，穿木屐可以避暑纳凉，防湿去湿，因此穿木屐之风在潮汕广为流行。男人多穿白坯屐，女人多穿油漆红皮屐，或是漆画屐、绣花屐。

草鞋是一般士人或百姓所着之鞋，由蒲草类植物编结而成。由于取材方便，价格低廉，穿在脚上既轻便又舒适，在泥泞的路上行走可以防滑，在坎坷的土石路上行走可防创伤，经济而实用，因此代代传承，直到今天仍能看到。草鞋一般为用草或麻结成一鞋底板，前后备有一狭长条借系绳以竖起作为脚趾、脚跟的护挡，两侧各有一个耳袢，穿时用系带穿过鞋耳袢紧固于足上。草鞋因外貌粗糙，不堪借人，故别名叫“不借”。草鞋的制作方法是，将稻草剥去草衣，晒至七八成干并拧成绳子。取来织鞋用的木板，将绳子套在木板的钉子上，打一个结，做成鞋耳袢，然后把晒好的稻草一束一束地上下交错着卡在绳子中间，由中间向两边再由两边往中间来回地织，每织一双草鞋大约要四五十分钟。由于草鞋制作工艺简单，再加之生活所迫，农村几乎人人都会编织草鞋，不仅供自己穿，也能换点钱或生活用品。例如，刘备就曾经以卖草鞋为生。

麻鞋、棕鞋、蒲履等与草鞋相似，其不同之处是工艺更加精细。麻鞋按耳之多少、疏密来分，有双耳麻鞋，多耳麻鞋，八搭麻鞋等。蒲履穿着轻便，唐代非常流行。当时南方织造精巧的蒲履，大臣奏议，诏令禁止："吴越之间织高头草履，纤如绫谷，前代所无，费日害功，颇为奢巧。"棕鞋在唐代也很流行，唐代诗人戴叔伦写有"一两棕鞋八尺藤，广陵行遍又金陵"。

靴的使用来自北方胡人，胡人游牧骑乘多穿有筒之靴。而赵武灵王为利战事，主张学习胡服骑射的时候引进了靴。汉代的靴在造型上已有很多变化，造型也很简练，较符合足部的形状。唐代时，靴普遍流行，并成为官服所配的正式鞋式，初为六合靴，后改长靿靴为短靿靴。宋代初期沿袭前代制度，在朝会时穿靴，后来改成穿履。明代规定儒士生员等准许穿靴，庶民、商贾等都不许穿靴。清朝与明代相同，文武各官及士庶可着靴，而伶人、仆从等不能穿靴。清代的靴多为尖头式，靴底均厚，因嫌底重，采用通草做底，后改为薄底，称为"军机跑"。至今，北方少数民族仍穿靴，如蒙古族喜欢穿船型月牙高统靴，靴面上有一道中缝，靴尖翘起，用牛皮制成，深长齐膝。这种皮靴乘马伸镫方便，离马行走利索，坚实轻便；靴统高，能防寒防风。新疆各族的高统靴，往往还要加套鞋。藏族的靴为皮底，牧区靴筒为毛皮，农区靴筒为氆氇，镶有宽边，色彩鲜艳。

北方冬季所穿保暖鞋除了靴外，还有窝子鞋，就是用皮、棉、麻等保暖的物品把脚包住，因而有"皮窝子"、"棉窝子"、"麻窝子"之称。比如，满族穿毡窝子鞋，柯尔克孜族穿皮窝子，羌族穿麻窝子草鞋。汉族民间也有蒲窝子，以蒲草制成，深帮圆头，里面有鸡毛、芦花等。芦花鞋的做法是将上等的芦花采回来，然后将它们均匀地搓进草绳里，再编织成鞋。芦花鞋很厚实，冬天穿着，即使走在雪地里也很暖和。

东北还有靰鞡和冰鞋，都源于满族渔猎时期。靰鞡以兽皮或畜皮作帮底，纳褶抽脸，帮上贯皮耳，内塞捶软的乌拉草，用绳系耳再绑在脚上。冰鞋是满族的传统鞋式，清八旗兵滑冰很熟练，列为军事技术。最早使用的跑冰鞋，是用兽骨制成。随着生产力的发展和滑冰技巧的提高，冰鞋演变成双刀与单刀两种。冰鞋木底上嵌有铁制冰刀，刀比木底短，停止、转弯可借助木跟。

道袍担日月，袈裟缀水田——宗教服饰

道教是我国的本土宗教，服饰潇洒飘逸，以汉族传统服饰样式为主，随着时代发展稍有变化。清代，强制推行剃发易服的政策，但规定了儒从而僧道不从，因此，道教得以完整地继承保存了华夏民族的服装体系。佛教传入中国近两千年，但由于中国与印度气候的差异，因此未能完全采用原始的僧侣服制，而且各时代服饰也有很大变迁。佛教在汉族、藏族、傣族等民族中有不同的派系，因此各族的僧侣服装也

不尽相同。

道士，也称“道人”、“羽客”、“黄冠”等，女道士可称道姑，学问精深、修炼有成或德高望重的道士则尊称为“真人”。道装有大褂、道袍、戒衣、法衣、花衣等。

大褂、道袍为道人的日常服。其中大褂为交领右衽，前后开气的直身长袍，袖宽九寸或一尺四，袖长至腕或肘。道袍又名得罗，交领、宽袖，腋下开衩，内带衬摆，袖宽有几种不同尺寸，常见的是一尺八、二尺四。

法衣是高功或方丈在作法或宗教大典时穿的法服，款式有两种：一为氅衣，一为对襟袍服。其中，氅衣多为高功所用，经衣也大都用氅衣。其款式为对襟，长同身，不裁袖，方方正正，颜色有多种。本当为红色，但后来又有紫色、蓝色等；多绣以精美花纹，肩部为日月，衣身有龙凤、云、鹤等图案，美妙绝伦。对襟袍服为宽袖，亦施以精美刺绣。戒服在受戒时穿，花衣是经师上殿时穿的绣花衣。

道士头饰有冠与巾。冠为正式场合所用，平日则用巾，冠有黄冠、五岳冠、莲花冠、星冠、五老冠等。全真派的巾有唐巾、冲和巾、浩然巾、逍遥巾、紫阳巾、一字巾、纶巾、三教巾、九阳巾九种。正一派的巾有纯阳巾、南华巾、庄子巾、荷叶巾、混元巾、九梁巾、诸葛巾、太阳巾、包巾九种。

僧侣的常服在最初的时候是与俗人一样的，只是在颜色上有所分别，所以僧侣有“缁衣”之称。到了明代洪武初年，制定了僧侣的服色，每当传戒时住持穿黑常服、红袈裟，而求戒者则穿黄常服、黑袈裟。现在僧侣的常服大多是褐、黄、黑、灰四色；在北方还有黄绿色，称为湘色的。僧侣内衣的式样随着时代与俗人的衣服一样，只是外面的衫袍，为了观瞻起见，才有一定的特式。

月白缎刺绣道袍

僧侣外衣也称“袈裟”，是梵语，指“坏色衣”或“染污衣”，即不许用以青、黄、赤、白、黑五正色，及绯、红、紫、绿、碧五间色；还因为“袈裟”的缝制必须先把布料剪成一些碎块，然后缝合起来，所以又可叫做“杂碎衣”或“割截衣”或“衲衣”；又因它模拟水田的阡陌形状，法衣之田，长养法身慧命，堪为世间福田，所以又叫做“田相衣”、“福田衣”。

佛教服饰遵循三衣制度。下衣（安陀衣），用五块布缝成，也称为五条，掩盖腰部以下，为做日常劳务时或就寝时所穿着；上衣（郁多罗僧衣），可用七块布缝成，也称为七条，掩盖上半身，为礼拜、听讲时所穿着之衣；大衣（僧伽梨衣），为上街托钵或奉召入王宫时所穿之衣，由九至二十五条布片缝制而成，因此也称为九条。除“三衣”之外，尚有两种衣，即“僧祇支”和“涅槃僧”，与三衣合称为五衣。僧祇支是一种长方形衣片，即覆肩衣，里覆左肩与两腋，穿在三衣里面。涅槃僧是系于腰部的长方形布片，缝合其两端而成，围在腰间，掖在腹部，并以腰纽固定。

三衣禁用上色或纯色，而且所有新衣必须有一处点上另一种颜色，以破坏衣色的整齐而免除贪着，这叫做“坏色”或“点净”；穿的重数也有限制，规定穿新衣时重数少，而旧衣可多穿几重。

银锁祝百岁，兜肚避五毒——儿童服饰

生孩子是每个家庭的一件大事。孩子刚一出生，就被包裹在浓浓的亲情中，长辈的祝福大多以服饰来承载。母亲还在怀孕的时候就为宝宝做好了小衣裤。为了更好的发挥保暖性能，婴儿衣采用斜襟开口；为了保护幼嫩的肌肤，衣服上不用扣子，而是采用系带方式，这种斜襟系带的上衣俗称“和尚领”。延续几千年的汉族传统着衣方式只有在婴儿服饰

中还有所体现，是一种巧合也是必然。

出生后，婴儿立刻被放进褓褓中，现在人们所理解褓褓的意思为婴儿包被，而在古代，褓褓是包裹婴儿用的布兜和系带。《玉篇·衣部》说："褓褓，负儿衣也。织缕为之，广八寸，长二尺，以负儿于背上也。"褓褓平时可用于绑住婴儿的身体，民间认为这样可令身材发育得比较挺拔。现代医学也证明，绑缚住身体更宜于婴儿安睡。《寿世保元》卷八："初生三五日，宜绑缚令卧，勿竖头抱出，免致惊痫。"在出门活动时，褓褓也能用于背负婴儿，也就是现在南方还在使用的背带。

从孩子出生、满月、周岁及至加冠前的每一次生日、年节，长辈、亲朋都有做工精美的鞋帽衣装馈赠。常见的送给男婴的童帽有：老虎帽，分单面虎、双面虎、狮虎合身等等，象征生命旺盛，勇敢无畏。公子帽，又叫荷花公子帽，前饰荷花，后饰荷叶。俗谓戴了公子帽，长大以后可像公子那样文质彬彬，知书达理，求得功名。狗头帽，帽两

暗花绸镶边童袄

边饰有狗耳朵，帽前有的钉八仙，有的钉“长命富贵”、“金玉满堂”等字；这种帽子女孩也可戴。民间习俗以为戴此帽如家犬那样易于养育。送给女婴戴的有月亮帽，帽顶留有一圈孔，象征月亮，帽圈上钉了各种花片，帽盖上绣有牡丹等花卉图案，两边各饰一只花线绣成的寿桃，并用绿缎做桃叶相衬。石榴帽，帽圈前面饰一个石榴，石榴尖顶向下，两边是对称的石榴叶。

虎头帽

儿童夏季戴帽箍，也称“凉帽”，常见的有虎头帽、莲花帽、相公帽等。一般男孩子用虎头帽箍，女孩子戴莲花、牡丹帽箍。虎头帽箍用柔软的棉布做帽里，绸料做帽面，用布贴、绣花或动物毛皮做虎头，壮实的脑袋，圆睁的眼睛，简练的眉毛，额前绣王字，帽檐上缀以银饰或丝穗，既舒适透气，又能保护儿童尚未发育封闭的囟门，使其免受风寒和外伤。

儿童冬季戴风帽、罗汉帽等。风帽，用于冬季挡风保温。

儿童风帽多设计为动物造型，如虎、狮、猫、兔等，前额简单勾勒动物特征，帽前两侧竖起一对耳朵，边沿镶饰一圈裘皮。也有的把帽子做成左右两片动物造型，如公鸡、鲤鱼等，施以精美刺绣，再从中间拼合，从侧面看栩栩如生。罗汉帽就是在帽上镶嵌银饰，如十八罗汉或长命富贵等吉祥文字。各类童帽色彩鲜艳，映衬着儿童红润的面颊，寄托着亲人的祝福，守护着孩子的健康。

围涎，也称“围嘴”。为避免奶液、馋涎弄脏衣服，而给婴幼儿佩戴的一种衣物。民间常常做成各种动植物造型，制成如虎形、狮形、蛙形、花型、果形等。男孩子身上的围嘴，常绣有双虎对头、双狮对头、五蝠捧寿的图案。女孩身上的围嘴，则绣以五蝶捧花、五莲坐子、五鱼戏莲等图案。最简单的是圆形和椭圆形。一般领洞前面留得较长，后面较短。小儿涎水打湿一片围涎，母亲就把它转一下，以保持下巴部位总是干的。

开裆裤是裤裆不缝合的童裤，便于小儿大小便，一般两岁左右可换满裆裤，有时可穿至四五岁。为防止小儿穿开裆裤受凉，在孩子身后要围一块棉垫，用绳子系在腰中，搭下来遮住屁股，俗称屁股帘。

肚兜，是贴挂于胸腹间的内衣，用以暖腹避寒，防虫叮咬肚脐。儿童多用红色镶边的绣花肚兜。男孩肚兜常绣以“蟾宫折桂”、“五子登科”等图案，寄予盼其成才的愿望；

女孩肚兜常绣“佛手莲花”、“牡丹蝴蝶”，希望其人生幸福。在端午节多为儿童缝制“五毒肚兜”或“老虎肚兜”，上面绣着蝎子、蜈蚣、蛇、壁虎、蛤蟆等图形，以避瘟气，驱毒虫，祛灾防病。

长命锁，是民间有护身符含义的一种儿童项饰。一般在新生儿满月、百日或周岁时由亲戚所赠，认为其能避灾去邪，“锁”住生命，保佑孩子健康成长。外形多为各种锁状，也有圆形、如意头等其他造型。锁身有单片牌状。也有空心匣状。片状长命锁为单面錾花，匣状长命锁两面都有纹饰，内可装物。錾刻内容多为“长命富贵”等文字，周围雕镂寿桃、蝙蝠等吉祥图案。制作长命锁的材料通常为金银美玉，民间以银制的居多。悬挂锁片的绳索繁简不一，普通用红色丝带，讲究的用金银链条；也有用珍珠宝石做成串饰再与锁相连的，或将锁与银项圈连体制作，或坠挂在项圈下配套使用。许

银錾花长命锁

多长命锁的下方还悬吊有葫芦、铃铛和倒绑毛驴（寓意榜上有名）等饰物，表达期盼孩子成才的愿望。一般婚配后，无特殊情况不再挂长命锁。有的地区在 12 岁时举行开锁仪式，表示成人，以后不再佩戴。旧时认为，孩提时代最易夭折，渡过了这个难关，护身符就不显灵了。

长命缕，也称“百岁索”。长命缕是用彩色丝线作的彩带，系在孩子手臂脚腕或颈背部。端午节时，人们祈求日渐活跃的五毒不给日常生活带来灾难，因此会举行各种活动，如挂桃符、点艾草、饮雄黄酒等习俗。小孩子抵抗力弱，父母们特意在端午节为孩子挂上长命缕。此风俗的产生最早可追溯到汉代。南朝宗懔《荆楚岁时记》中说：“五綵系臂，谓为长命缕。”

在民间，一两岁的幼儿在春秋和冬天，都要穿连脚裤。连脚裤是棉裤和棉袜的组合，婴幼儿穿脱方便，保暖性强；在脚踝处有收束的线绳或松紧带。与之相配的是虎头鞋。

虎头鞋是由鞋前脸上的虎头图案而得名的。虎和猫有相似之处，猫更为众人常见，所以也叫猫鞋或老猫鞋。夹、棉连脚裤都比较肥厚，需要比较宽大的鞋子和它配套，而虎头鞋正有这种特点，并且有保护裤脚和保暖的作用。在人们的心目中，老虎体态雄壮，貌相威武，又有兽中之王的美称；一提及虎字，人们便自然产生威风和震慑一切之感。而孩子在由小到大的生长过程中，会遇到自然、社会各方面灾病和

连脚裤

意外的侵扰，需要克服和抵御。人们希望孩子健壮成长，而且希望长得虎虎实实，便在鞋前脸儿和鞋帮上绣制虎或虎头图案，也就是借用虎或虎头图案来达到避祛一切邪祟的目的。此外，还有小猪鞋、小狗鞋等等，都与民情风俗有关。女孩子的鞋子造型与男孩子相同，只是鞋前绣花图案取吉祥、欢快，饰以含有寓意的花鸟图案。

百家衣是一种为婴儿祈寿的服饰。父母期望孩子健康成长，认为这需要托大家的福，托大家的福就要吃百家饭、穿百家衣。因此一般在长子出生后，父母便向百户人家各家索讨零碎布帛，母亲将索讨来的不同色彩、质料、形状的布片经过精心选择、折叠、缝合，一般拼成八角花形，并绣上花、鸟、鱼、虫或人物，制成一件五彩斑斓的衣服。百家衣有坎肩、长袄、短袄等各种款式。民间认为穿上百家衣，能保长命百岁。穿百家衣在北方各省十分流行，南方某些地区也有这种习俗。

将相同台会，雅俗共赏之——戏剧服饰

戏剧诞生并流行于民间，最初角色较少，服装单一。到了元代，杂剧渐渐兴盛，吸收了一些生活常服来扮演角色；明代时逐渐形成符号化、舞蹈化的服饰形式。清代，戏剧服饰摆脱对生活服饰的模仿，不再用时装的称谓，而是有了独立的名字，将戏剧服饰推向了成熟。戏剧服饰（戏服、盔帽、靴鞋、髯口等）实行衣箱规制，由三四十种特定造型的戏服和盔帽，通过造型、色彩图案的变化，配套使用，能够表现各个朝代、各种人物的服装穿戴。剧团只拥有几只箱子，装上最少最简单的行头，就能转移于各乡村作巡回演出。

这套传统衣箱规制的形成，是历代戏曲艺人们在艺术实践中创造的。我国各剧种的衣箱规制大同小异，而各剧种的服饰则各具浓烈的地方色彩。以京剧为代表的京派服饰，图案古朴、密集纹绣、色彩浓烈；上海越剧的服饰，纹绣简练、色彩素淡；广东粤剧服饰，色彩鲜明，盛行珠光亮片装饰。

行头是古代对戏曲服装的称谓。各剧种的戏曲服装款式基本类似，包括蟒、靠、帔、褶等，色彩分上五色、下五色。上五色为黄、红、绿、白、黑，又称正色；下五色为紫、蓝、粉红、湖色、古铜或香色，又称副色。布料主要采用缎、绸、绉等丝织品；纹式有龙、凤、鸟、兽、鱼、虫、花卉、云、

水、八宝、暗八仙等；刺绣有绒绣、夹绣、平金、金夹线、银夹线等。

蟒袍，一般简称“蟒”。圆领、大襟、大袖，长及足；袖根下有摆，绣龙或绣凤；颜色包括各种正色和副色。皇帝穿黄，官员穿其他颜色；红蟒较为贵重。粗犷豪放者穿黑、蓝色蟒；年轻者穿白、粉红、湖色蟒；年老的穿古铜或香色蟒。文官穿团龙蟒，武官多穿大龙蟒。一般在穿时，男蟒加三尖领，女蟒加云肩，皆腰围玉带。官衣，样式和蟒相同，但无满身纹绣，只是胸前背后绣有仙鹤等飞禽。男官衣穿时腰围玉带，女官衣则束软带或多彩丝绦。

靠是武将的戎装，各种正色、副色俱备。圆领、紧袖、长及足。靠身分两片，其上部、下部及两肩绣鱼鳞纹或丁字纹；中部靠肚略阔，硬里、凸起，绣虎头或龙纹。另有护腿两片，系于腰部左右。女靠和男靠大致相同，靠肚下缀有飘带。靠有软、硬之分，硬靠需背三角形靠旗四面，软靠则不背靠旗。色彩用法与蟒相同。小生和不戴髯口的武生扎靠时，胸前或需加彩球，女靠胸前或加护心镜。铠，样式和靠相近，但无凸起的靠肚，下甲连在铠上，且不背靠旗。以红色居多，为禁军专服。

箭衣，圆领、大襟，马蹄袖或敞袖，长及足，自腰际以下左右前后开衩。上至皇帝，下至一般武士、绿林人物、衙役等均可穿用。分龙箭、花箭、素箭。穿箭衣时需系鸾带。

箭衣也可以做靠的衬衣用。马褂，一般作为将士、校尉出行时的外褂，穿在箭衣外。圆领、对襟、敞袖，长二尺许，有黄、红、黑色，分花、素两类。

开氅，一般作为武将的便服。大领、大襟、大袖，长及足；袖裉下有摆，绣有麒麟、狮、虎等兽；四周有花边，颜色有黄、红、紫、绿、白等。

帔，过去称"披风"。长领、对襟、大袖，左右胯下开衩。男帔长至足，女帔长仅至膝。一般为皇帝、文官和绅士的常服。表现夫妻关系时，多穿花色相配的帔，称"对帔"。还有观音专用的观音帔。

褶子，戏衣中用途广泛者，大领、大襟、大袖，长及足。分花、素两大类。花褶子中又有武生褶子与小生褶子之分。素褶子多用于平民百姓，种类有青褶子、穷衣、海青、青袍、紫花老斗衣、短跳、安安衣等。旦角穿的褶子比男褶子稍短，有一种对襟的黑色素褶子，滚蓝边，称"青衣"，是中青年贫妇所穿。

八卦衣，与褶子样式基本相同，上绣八卦及太极圈，四周有花边，腰际亦有花边，并垂飘带两条。多为黑、紫色，有道术的高级谋士用。

太监衣，与褶子样式基本相同。小太监穿用黄缎制成的，绣有宝蓝团龙，有花边，腰际有排穗。大太监可以穿蟒、花褶子等。

茶衣，茶楼酒肆的堂倌所穿。蓝布对襟短衣，用时腰束白布短裙。

宫装，宫廷后妃、王室贵妇所穿。圆领、对襟、大袖，腰际以下缀有五彩飘带数十条；内连衬裙，周身绣花。用时需加云肩。

袄裤，武生、武丑用的袄裤，有打衣、快衣两种。打衣，大领、大襟、束袖；下摆有打折绸边两层，名为“走水”，为江湖武人用。快衣，圆领、对襟、束袖，下摆无走水，为武生、武丑扮演民间英雄及家丁、武将等用；武旦用的袄裤，立领、对襟、束袖、缎制绣花，多用于民间会武艺的女子；花旦穿立领，大襟、小袖的绣花袄裤，系绣花汗巾，四喜带，一般表现小户人家女子及丫环使女；彩旦袄裤多肥大，长及膝，深色，镶阔边，多扮茶婆、媒婆。罪衣罪裤，为罪犯专用，立襟，红布制。上下手衣，黄色布为上手衣，蓝色布或黑色布为下手衣，作战的士兵用。彩裤，各行角色均用，有红、黑、白、粉红、湖色等，多为素底。

裙，腰裙，一般旦角用的衬裙以白色居多。老旦的衬裙为绿色。白色腰裙系在衣服外面，表现病人、行路人或犯人。水裙，白布短裙，多与茶衣、短跳等结合使用，为渔民、樵夫、店伙等所用。战裙，与袄裤结合使用，类似靠的下甲。花旦用的裙子，与袄合穿，花式很多。

坎肩，穿在外面的无袖上衣，又称“马甲”、“背心”。花坎肩，为花旦、小旦穿，缎制绣花；平民女子、宫女、丫环均可穿。素坎肩，老学究、媒婆等用。卒子坎肩，红色，有花有素，中间有白色圆块，书一“卒”字或“勇”字，为小卒、报子用。和尚马甲，黄色，腰际镶绿绸；或绿色，腰际镶黄绸，勇猛的和尚及伽蓝神用。水田纹背心，道姑专用。

斗篷，披在肩上的无袖外衣，多与风帽结合使用。男的有红、黄等色，女的颜色较多。多用于行路之人。

龙套衣，圆领、对襟、大袖、长及足，前后开衩，上绣团龙。四周镶的宽边，有黄、红、绿、白、蓝等色，龙套专用。

戏衣还有不少附件，各种冠帽、靴鞋等。传统戏衣从宋、元以来逐步演化过来，清以后还有少量清装、旗装。清末还有各种改良戏衣。近年来，各剧种在表现古代、近代和现代生活方面，作了多种尝试，因此，现代戏曲戏衣既有深厚的传统，又处在不断的变化和丰富之中。

路遥背褡裢，情深佩荷包——随身物件

早在先秦时期，人们就有佩戴绣品小饰物的习俗。不仅用以美化自身外形，而且借以标志身份等级。人们最早的配饰是玉，有“君子无故，玉不去身”的古语。在古代，玉是

贵族阶层用以表示身份、地位的佩饰。佩戴成组玉饰的习俗在西周时期就已盛行，儒家学派将这种佩玉习俗在理论上给予肯定，提出“君子比德以玉”，使佩玉制度化。除了玉，人们常佩的物件品类繁多，如佩玉、佩印、佩鱼、香囊、荷包、熏球、银腰挂与吉祥物等。

腰挂起源于古人为自卫与生活方便而随身携带的日常用品。男子多悬挂小型武器及点火用具，女子则佩戴针线筒之类的生活用具。其中有些项目演变成纯粹的装饰用品。

北方游牧民族将腰带上钉以牌饰，牌上有链，可挂一些佩刀、剑、磨刀石等常用物品，此带称为蹀（dié）躞（xiè）带。大约在两晋南北朝时期传入中原，也被汉族人民所接受。到了唐代，还形成了一种制度，不论文武官员，都要系束这种腰带，腰带上的什物多达 7 种，名为“蹀躞七事”。清代，人们的腰间挂件也很多，形状小巧，有香囊、香袋、扇套、眼镜盒、表袋、火镰袋、钥匙套、扳指盒、斋戒牌等，无论男女都喜作为随身携带的赏玩之物；晚清尤为盛，讲究的有九件之多，京式的叫作“京九件”。

荷包，古称“箅（suàn）袋”、“鱼袋”、“龟袋”、“鞶囊”、“荷囊”等；宋代以后称为荷包，指佩于腰间的囊袋或装饰品，可用于盛储随身使用的小物件如手巾、针线、印章、钱币或装香料等。按用途分有钱荷包、香荷包、烟荷包、针线荷包等种类。佩戴荷包的历史可追溯到先秦时期，《礼记·内则》记："衿缨，以事父母舅姑。"衿缨即编结的荷包，佩戴荷包表示对长者的尊敬。汉代的鞶（pán）囊多以革制，《曹瞒传》记有"太祖……身佩小鞶囊，以盛手巾细物"。唐代官吏佩戴的装鱼符的囊袋（唐高宗时规定，三品以上官员皆佩鱼袋），为官位品级的象征。

鹅黄缎刺绣福寿荷包

荷包多以布帛刺绣、绘画或绳带编结而成，也有用金银、玉、木、牙、革、角制成的，有圆形、方形、葫芦形、鸡心形、花瓶形、银锭形等各种形状。一般每件荷包还配以系带，编出百结，饰以流苏，便于佩挂。荷包图案的适合性、装饰性都很强，多为吉祥纹样。绣荷包中几乎所有的刺绣针法都有运用，如平针、堆绣、锁绣、辫绣、戳纱、纳纱、打子、铺绒、盘金、订金等，配色华丽而典雅，体现了中国的传统审美观。佩戴荷包的习俗一直延续到清末民初，不论贫富贵贱无不佩戴，在绣庄和街头亦有售卖。

香包，又称香荷包、香囊、香袋、薰囊，指随身佩戴的用来储放香料的小袋。多为各色绫罗绸布精心缝制而成，其上多施以精美刺绣。香包内装香草，袋下垂长穗，取

“长岁”之意。袋内香气自然散发，有增加体香，以及驱虫、除秽、保健的作用。香包形状多样，有能打开的抽褶小袋形；也有的用布料剪裁成各种物象，如石榴、寿桃、花篮等；然后在里面包上棉花，并掺以药物香料，用丝线缝制而成。诗中“香囊系肘后”，指的就是此物，只是有的挂在帐内，有的佩于身边。上至王公贵族，下至黎民百姓，佩戴香包的习俗一直延续到清末民初。香包如今作为佩饰，在城市已消失，但乡镇仍有使用，特别在端午节给孩子佩戴，内装雄黄，取避邪除秽之意。民族地区多为馈赠礼品或定情之物。

还有些随身携带的小物件，绣工也多别致。如烟袋，是盛装烟丝的袋囊，型制多为竖长形、葫芦形或花瓶形。钥匙套，是妇女外出时常常佩戴在身上的日用品，多为三角形护套。扇套为硬质装扇子之小袋，一端开口并多为曲线形。眼镜盒为硬质椭圆形，一头能拨开。名片夹，为装名片之物。名片古称为“刺”，递名片称为“投刺”。靴掖，藏于靴筒中的钱夹，因古代衣服上没有口袋，腰袋上挂的东西又很多，于是就利用了靴筒，重要钱物等随手就能放在靴筒内靴掖中，又能保证不会遗失。这些物件上面常常绣以各种图案，既有实用价值，又是随身饰物。

古代在人们出行时，没有现代的箱包之物，常用的只是包袱和褡裢。包袱皮是一块正方形厚实的家织布，有的一角

红绸补绣福寿富贵扇袋

系有一枚铜钱，将物品放置中间，四角系起，往臂上一套，就是“包袱”。褡裢为一种长方形的口袋，多用自家织的粗麻布或棉布做成，质地比较结实，在中央开口，从而两端各形成一个袋子，供装财物使用。一般分为大小两种，大的搭在肩上，小的挂在腰间。褡裢是人们运送东西的常用工具，尤其是对走远门做生意的商人具有一定的装饰功能，因此做工比较考究，一般都绣有各种图案。小的褡裢围在腰间既可保护重要财物的安全，同时也兼具腰带的功能，类似于我们现在旅游时挂在腰间的腰包。

不管居家还是出行，人们也常常会随身携带手帕。带手帕自古以来就是讲究礼仪的标志。手帕又称“帨巾”、“手巾”、“手绢”，具有悠久的历史，在先秦时代就已出现，至东汉时期才演变为手巾。汉乐府民歌《孔雀东南飞》中写道：“阿女默无声，手巾掩口啼。”唐朝是我国服饰文化发展的鼎盛时期，手帕的名称也被正式推出。如唐代诗人王建在《宫词》中有“缠得红罗手帕子，中心细画一双蝉”的诗句。手帕对古代女子来说是首饰一样的闺私之物，通常被折叠掖在臂钏里。明清的小说中多有遗失手帕成就姻缘的故事。清代满族女子穿旗袍时，腰间也挂长手帕。手帕既有实用价值，也是一种观赏品，近现代仍广泛使用。仅在二十年前，手帕仍挂在幼儿的衣襟上，藏于人们的口袋里。随着时代的变迁和纸巾的普及，手帕逐渐远离了我们的生活。

第二章

近代民间服饰风格

清代，由于政府强制推行服饰制度，各地男子正装基本相同，但因女子可沿袭本民族服饰，而且各地的气候、物产等自然条件相异，也形成了服饰的不同风格。大致归纳近代常见的服装款式如下：

首服。包括帽子、发型、饰物等。民国年间，流行的男帽有瓜皮帽、毡帽、礼帽、风帽、拉虎帽、三垮帽、包头等。

瓜皮帽，分平顶、尖顶两种，老年人喜平顶，中、青年好尖顶。礼帽为文人、绅士、商家、职员所爱好。风帽，又名“风兜”、“观音兜”，多为老年人所用，或夹或棉或皮，以黑、紫、深青、深蓝色居多。清末上海等地用红色绸缎或呢料做风帽，有的再加锦缎为缘。风帽戴于小帽之上。老太太，老和尚、尼姑亦戴黑色风帽。将军盔，是由四片缝制而成，前片齐眉，左右两片可护住两颊，后片可护住脖颈。由于此帽的式样与古代武将的头盔相似，因此称之为“将军盔”。将军盔多用黑缎子做面制成。还有一种将军盔是无顶的，式样与有顶的一样，套在帽翅儿上使用。这种帽子多是青布做成，也有采用缎面，以棉质家做为主，多为中年商人喜欢佩戴。恭喜帽，是由风帽演变而来的，其前檐上翻，民国初期为当时的商人和文人普遍使用。三垮帽，是下层平民冬季用品，为一种可拉下护住面部，仅露眼睛的帽子。包头、草帽，在下层劳动人民中颇为盛行。毡帽，为农民、商贩、劳动者所戴，有多种形式，有半圆形而顶略平的；有反折向上作两耳式、在折下时可掩住双耳来御寒的；有前作遮阳式而后向上反折的；也有顶部呈现锥状的，等等。

女帽有额子、勒子、夹耳帽、平绒帽、搭头袱子、包头。童帽品种尤其多，以形状论有虎、狮、猫、兔、狗、猪等动物头形及莲花、牡丹帽等；从结构式样看，有圆顶、尖顶、空顶及斗篷、披风、扎花凉帽等。

发型，民国前男子一律蓄留辫。稍为不同的是官绅士商以长辫垂于脑后，农工劳动者多盘辫于头顶。女子以长辫为美，少女多梳单辫或叉角辫，中老年则以长发盘于头后作发髻。民国年间，农村男子多剪发剃成光头，而城镇商学界及公职人员有蓄短发者，如西装头、东洋头、披发等。女子发型变化多样，农家少女多独辫、双辫，婚后剪辫挽髻。中年女子多剪齐耳短发，再用发卡卡牢，到老年时又将发挽起，以发网兜套住。大城镇兴烫发之风。小儿多光头，也有剃成“锅铲头”、“狗尾巴”、“马桶盖”、“三搭头”、“沙撮”之类发型的，视地域不同而有差异。

衣着装束，男子有马甲、长袍、衬衫、短衫、短袄等。人们的服装穿着依身份不同而异，中上层男子多为大襟长袍，外套马褂。因季节不同，长袍有单、夹、棉、皮之分。一般男子着灰色长衫，农村男子多于长衫之外扎一布腰巾。平时比较普遍的装束是：上穿短褂、短袄，下穿折腰单裤、棉裤、套裤、短裤。女子上衣种类与男装略同，但款式有

长袍、马褂

别，且颜色更为花哨，质料更加多样，做工更为讲究。农村年轻女子偏爱花布衣，或大红、大绿衣服；城镇女子时兴琵琶襟和旗袍，西洋裙亦偶有所见。但遇有喜庆日子，百褶裙、绣花裙仍为主流。男女下裳式样比较单调，单裤、棉裤、套裤等，男女老少皆可，一般都比较宽大，穿用时腰部打折，

外系布腰带。

清代较流行的鞋是双脸靴，有厚底和薄底之分。一般用缎、绒、布为鞋料，主要为绅士、富商和学界人士穿用。民国有一种圆口和尖口布鞋，质地有礼服呢和棉布两种，为青年人所喜欢。体力劳动者则多穿一种纳帮靸鞋，脸长、跟脚，经磨耐用。各地有布鞋、棉鞋、草鞋、雨鞋之类。雨鞋有油鞋、木屐等；布鞋的式样五花八门，大体上有浅口、深口、窄口、宽口、方口、圆口、有带及无带之分。

绣花鞋

清代民间流行穿着的袜子都是家做的纳底布袜。男子流行用一块方布裹脚的习惯。民国时开始普及一种机织的线袜，由于线袜很容易被磨破，因此，补袜子就成为家庭妇女所必须具备的本领。补袜子使用的一种木制的袜楦，也成为当时一般家庭所必备的物品。

民国后期，随着社会环境的巨变和与西方文化交流的增多，民间服饰可以说是有了翻天覆地的变化。西式服装占了上风，中式服装也受到影响，进行了收身设计，尤其是女性的改良旗袍已将腰身收到极致。同时，女权运动使很多女性以穿男服为荣。

穿折腰单裤、棉裤、套裤、短裤。新中国的成立开创了人民当家做主的新时代，此时服装流行的主导已转向平民。解放初期服装崇尚简洁、朴素和平实。男装以中山装、青年装、学生装、工作服式夹克衫、军大衣为主；女装则流行列宁装。除中山装外，人们又根据中山装和列宁装的特点，设计出“人民装”，其款式的特点是：尖角翻领、单排扣和斜插袋。这种款式既有中山装的庄重大方，又有列宁装的简洁单纯，而且也是老少皆宜。中山装面料不拘，既可平时穿着，也可作为礼服，成为男装首选款式。后来出现的“青年装”、“学生装”、“军

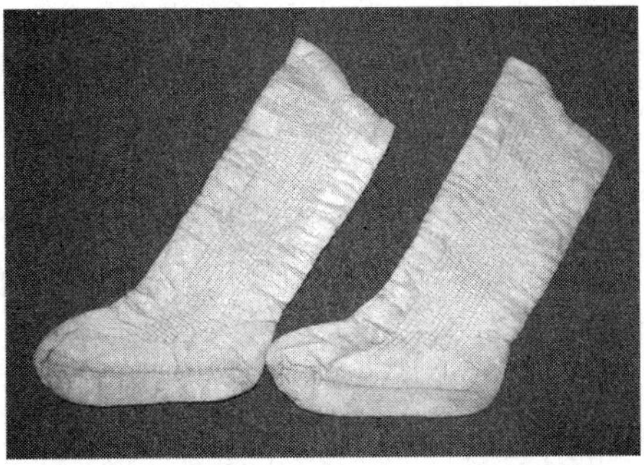

男袜

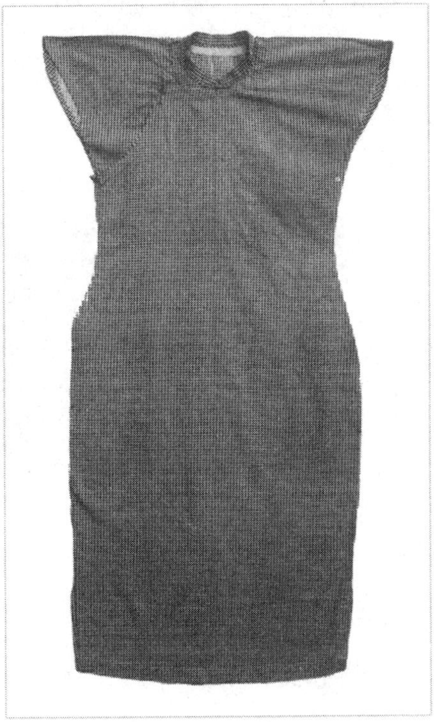

短袖旗袍

便装”、“女式两用衫”都有中山装的影子。解放初期的服装颜色相对单调，以绿、蓝、黑、灰为主；同时还流行八角帽、鸭舌帽，解放鞋、跑鞋、翻毛皮鞋和橡胶雨鞋。当经济恢复期进入计划建设阶段，市场物资开始丰富，生活水平得到提高时，人们的目光开始转向印花布衣裙，女青年们穿上了花布罩衫、绣花衬衣、花布裙子等，男子也普遍穿着春秋衫、两用衫、夹克衫和风雪大衣等。

“文革”时期，本来已经日益丰富多彩的服装，又重新变得单调起来；服饰如果较为束身或色彩鲜艳，就会被指责为“追求资产阶级生活方式”。人们的服装陷入了前所未有

卫生衣

的灰暗和沉闷。男女服装结构基本一样，“老三装”（中山装、青年装、军便装）一统天下。一身军装、一条皮带的打扮是年轻人的理想，女孩子则更是“不爱红装爱武装”。这一时期中国人的穿着被称为“蓝蚂蚁”、“灰蚂蚁”。这个时

期因为荒废生产，经济非常困难，物资供应很紧张，人们不得已采取一些方法保护衣物，同时也产生了一些特定服饰。如孩子们的衣服常常是轮流穿，于是节俭的母亲们会在新衣服做好后，在衣裤最易烂的肩膀、袖口、肘部、膝盖、臀部处打上大补丁，使新衣结实耐穿。领子是易污损的部位，姑娘们巧手用钩针精心勾制假领后送给父兄或恋人。衣服脏了可只换洗假领，当时也风靡全国。而对于已破的衣服也有办

女农民装

法，如男人的衣服肩部磨损大，就把已烂或将烂的肩膀部分用新布换下，就又能多穿一季或一年。此外，还有袖套和袜

底，也都是为保护服装而出现的附属品。袖套多用旧棉布制成，主要是在干活时套在衣袖上，以免磨损和弄脏衣服。而袜底则如制作鞋垫，可用来换下快烂的袜底，以延长袜子的寿命。

改革开放后，国民经济发展迅速，服装市场逐渐丰富，

工装

人们的穿着打扮日益讲究。西式服装再度流行，服装朝个性化、时装化发展，并逐渐与国际都市相接轨。市场上服装品种、花色都十分丰富，如西装、猎装、夹克衫、连衣裙、滑

雪衫、羽绒服、喇叭裤、萝卜裤、踏脚裤、文化衫等，以及各色时装相继上市，变化节奏快，尤其是青年服装丰富多彩，儿童服装更是五彩缤纷。

中山装

进入新世纪，中国社会迅猛发展，服饰的发展更呈新貌。流行不再是雷同，人们都开始注重穿出个性，因此有一部分人的目光又投向了远古的服饰，其中不能不提到唐装和汉服。

唐装大规模流行始自 2001 年上海召开的 APEC 会议上，当时 20 多个国家和地区的领导人身穿对襟、立领、盘扣，并饰有象征着吉祥如意团花的唐装出现在媒体面前，顿时掀起了全国范围的流行。唐装体现出一种悠闲而富裕，时尚而怀旧的感觉。于是，无论年轻人还是中老年人都很喜爱，尤其是到了春节，人们都特意身着唐装走亲访友。其实唐装与20世纪70年代时的“中式棉袄”极为相似，差别主要在面料

红卫兵装

上，精美的锦缎体现出的雍容华贵使人联想到盛唐气派，因此尽管是马褂的款式，却仍然得名为“唐装”。刚开始唐装色彩艳丽，花样单一，而经数年的发展，深受都市生活气息的影响，唐装已经融入了更多的时尚元素。如今，唐装仅仅是个统称，只要带有中式风格的服装都可称其为唐装。现在唐装的面料除了丝绸，还采用棉、麻、化纤、莱卡、牛仔布等，款式上注重领、襟、扣、摆等细节设计，绣花、镶边，饰流苏甚至蜡染、扎染也成为装饰潮流。

近几年，一部分人兴起了穿戴汉服的风习，他们多为对

传统文化感兴趣的、文化水平较高的都市年轻人。出于对传统文化的保护和复兴的目的，穿起自制的汉代深衣、唐代襦裙或明代襴衫，举行一些如祭拜孔子等汉文化的传统活动，在社会上掀起了一股“华夏复兴，衣冠先行”的热潮。虽然汉服爱好者在迅速扩大，汉服的影响力也在逐步提高，但要被大众普遍接受并形成流行，尚需假以时日。

质朴黑吉辽，华贵冀京津——北国风华

东北地区四时分明，冬季寒冷，在漫长的历史岁月中，形成了质朴实用的服饰风格，并有一些独具特色的服饰种类。冀京津一带服饰华贵，工艺讲究，这与其社会结构和经济水平有关。北京作为三朝国都，是政治、经济、文化、交通的中心，历史古老，底蕴深厚。河北紧邻京城，服饰追随潮流；天津因靠近港口，服饰又多出新样。

东北地区近代民间日常服装以大襟长袍为主，富商、乡绅多穿绸缎长袍、马褂。一般的劳动者则是上衣下裤的装束，面料常用棉布，以蓝、灰、黑色为多；只有在外出串门或参加喜寿事等正规的场合，才把平日不舍得穿的长袍套在外面，以示郑重和礼貌。春秋季，有身份的人戴瓜皮帽；一般百姓戴“毡帽头”，是用羊、牛毛制成黑色或黄褐色碗状帽。冬天，一般戴有护耳加缝毛皮的毡帽，俗称“耳朵帽”；高档

一些的则是挂缎面、加毛皮的“四块瓦”或“四喜帽”；而车老板、猎人则戴暖和厚实的大皮帽子。鞋有单、夹、棉几种。男子布鞋一般由家里妇女手工制作，黑色鞋帮，有的用线缉出“云子卷”之类的图案，使其更美观、结实。冬天穿自制的矮腰或半高腰棉鞋。此外，还有用毡绒加杂毛制成的毡鞋，圆头圆脑，且很坚硬，厚达寸许，俗称“毡窝”；鞋腰高一些类似靴子的则称为“毡疙瘩”，都有很好的御寒性能，乡间的土财主和店铺掌柜们常穿这种鞋。

东北地区靠近边境，外国服饰在清末就已影响到东北，即使是穿中式服装，也有一些受外来影响的因素。如冬季人们虽穿长袍，但一些家境宽裕且有一定社会地位的人，外出时往往要套上一件对襟的“皮大氅”。这虽是从俄罗斯传过来的服装样式，但东北人似乎并未视之为洋服，也能够说明服饰风俗在潜移默化中的变异。

汉族妇女有一千多年的缠足习俗，但满蒙等狩猎民族和游牧民族的妇女，整日劳作于山林草原，并不受此俗影响。清代以来，尽管全国女子广泛缠足，东北地区因为八旗妇女人数众多，女子天足的比例也很高。但满族妇女在十来岁时用布条“拢”一下脚，使脚趾靠得紧一些，谓之“打瓜条”，这样穿起鞋来好看。旗人妇女的鞋为船式，有“单脊脸”和“双脊脸”两种样式，都是在鞋前部以皮条包出凸起的“筋”，以加强美观和结实的效果；鞋帮上要绣以云卷、花卉、蝴蝶、寿字等图案。一般旗人妇女所穿鞋底厚半寸至一寸；而贵族妇女所穿的则是高底鞋，具体有两种样式：一是："花盆底"，即从鞋底上沿向下渐收，成为上大下小的台形；另一种称"马蹄底"，是在鞋底中部安一个"高跟"，上小下大，底面也是四方形。高底鞋的高度依年龄而异，一般是年轻者鞋底高，可达六七寸；年长者则矮些，但至少也有二寸左右。

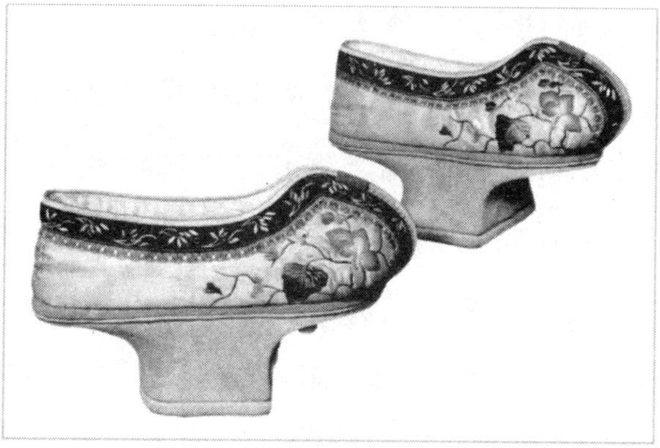

高底旗鞋

图片来源：www. ndcnc. gov. cn

满族人"所戴之笠，寒暖异制，夏则以草结成，冬则以毛皮为之……上皆加红毛一团为饰"。夏天戴的草帽呈圆锥形，是用长白山里沼泽中的蒲草编成的；也有的是用苇子或秫秸编的，所以又叫"苇镰头"。清朝定都北京后，视这种草帽为满族发祥地的"祥物"，被作为皇帝及官员的夏冠，并制作精良，装饰华贵。

在东北民间服饰中，最有特色的、穿着最多的是“马褂”与“箭袖”。马褂是骑马时穿用的外褂，它身长至脐、袖长及肘，圆领对襟，四面开衩，十分适于马上射猎的需要。满族进关后，上至君王，下至臣民都穿马褂，款式也有了“长袖马褂”，“大襟马褂”、“琵琶襟马褂”等变化；皇帝还用“黄马褂”赏赐勋臣和勇将，视为极大的荣耀。箭袖即在袍褂的袖口上接上一个半圆形的袖头，多用皮毛，形似马蹄，所以俗称“马蹄袖”。在冰天雪地骑猎生活中能护住手背，挽臂骑驰，“马蹄袖”使搭弓射箭时手背不被冻伤。满人进关后，由于生活环境的变化，骑射之风日趋衰落。但在许多参拜仪式上，仍需将箭袖“掸”下来，然后行半礼或全礼，它作为一种庄重的礼仪形式被沿袭下来。山里的农民，冬天打柴、打场、赶车、刨粪时，多在袖口上接一皮毛的“袖头”，紧护手背，抵御风寒，这就是箭袖的沿袭。

东北地区最具有鲜明地方特色的满族民间服饰，就是靰鞡鞋。“靰鞡”，其名称来自满语对皮靴称谓的音译，是一种东北人冬天穿的“土皮鞋”。穿这种鞋，在冰天雪地中行猎、砍柴，均能保暖，应用普遍。

制作靰鞡的原料多是用黄牛皮，一般以脊背部位的皮子为最好。其制法是把一块熟好的大皮子用烟熏成杏黄色，再把边缘向内翻卷，鞋头部位压出二十几道“包子褶”，再把后跟处缝好，便成为连在一起的鞋头、鞋帮和鞋底。另用一块小皮子接缝在鞋头上做“靰鞡脸儿”，或称“舌头”，盖在脚面部位，靰鞡的主体部分便做成了。过去人穿鞋一般都是自家做，很少花钱买，但靰鞡却是例外。因为只有少数技艺熟练的皮匠才会制作，所以人们需要花钱购买或用农副产品交换。卖靰鞡的规矩也很特别。由于这种鞋穿时里面要絮草，与其他鞋相比又长又宽，只有大、中、小之分，没有具体尺码的“鞋号”，出售时按重量为单位计价，一般重为八两到一斤之间。

买来的靰鞡并不能马上穿，还需自己进行再加工。一是装“皮耳子”，即穿带的皮环，用不到半寸宽的皮条做成，缝在鞋帮两侧，每只鞋缝两对、三对或者四对；二是缝“提把儿”，即鞋后帮接缝处的长三角形皮条，其作用是便于提鞋，又能在系带绑紧后避免走路松脱；三是配靰鞡带，一般用筷子头粗细的麻绳或皮绳，长三四米；四是靰鞡靿，用来垫盖脚跑、脚面和脚腕，用双层家织布或“白花旗布”缝制，有的还在上面缉绣花纹图案。有了这几种“配件”，再絮上靰鞡草就可以穿了。靰鞡的鞋底软乎，冬天走在雪地上不起“丁脚”。丁脚是指鞋后跟上冻起的冰土疙瘩。北方气候寒冷，冬天在外作业的人，最怕鞋子下边长“丁脚”，长了“丁脚”则走路发滑，抓不住路。又由于鞋里塞进了足够的靰鞡草，脚套在里边又暖和、又舒服、又宽松，不易劳累，东北民间人人喜爱。

靰鞡

图片来源：www. ndcnc. gov. cn

北京为清朝国都，因此服饰与东北满族人相同，只是更为华贵。男子一般通穿长袍，或长衫配马褂、马甲；腰束湖色、白色或浅色长腰带，后系手巾。

马褂长仅及脐，左右及后开衩，袖口平直（无马蹄袖端）；形式有袖长过手，或袖短至腕、对襟、大襟、琵琶襟诸式。马褂初尚天青色，至乾隆中期流行玫瑰紫，乾隆晚期流行文襄公福康安所穿的深绛色，称为福色；嘉庆时，流行香色、浅灰色，夏天则流行棕色纱制的马褂。深青色大袖对襟马褂，则可作为一般场合的礼节性服装。康熙时有一种长袖衣身较长不开衩的马褂，保暖性好，有“阿娘袋”、“卧龙袋”之称，民间年老者多穿之。琵琶襟马褂的右襟短缺一块，与缺襟袍相配。

长袍，清初款式尚长，后减短至膝，不久又加长至脚踝。在清中后期流行宽松式，有袖大尺余的。清末，受适身式西方服式的影响，袍的款式也变得越来越紧瘦，长盖脚面，袖仅容臂。

坎肩马甲，为无袖的紧身式短上衣，有一字襟、琵琶襟、对襟、大襟和多纽式等几种款式。多纽式的马甲除在对襟的门襟有直排的纽扣外，并在前身腰部有一排横列的纽扣。这种马甲穿在袍套之内，如果乘马行走觉得热时，只要探手于内解掉横、直两排纽扣，便可在衣内将其拽脱，避免解脱外衣之劳。满语叫做“巴图鲁坎肩”。“巴图鲁”是好汉、勇士之意，俗谓十三太保。

团花纱坎肩

满族妇女主要穿马褂、坎肩、褂襕、衬衣、氅衣、围巾等。

女马褂款式有挽袖（袖比手臂长的）、舒袖（袖不及手臂长的）两类。衣身长短肥瘦的流行变化，情况与男式马褂差不多。但女式马褂全身施纹彩，并用花边镶饰。

坎肩又名“紧身”、“搭护”、“背心”、“马甲”，为无袖短身的上衣，式样有一字襟、琵琶襟、对襟、大捻襟、人字襟等数种，多穿在氅衣、衬衣、旗袍的外面。褂襕为妇女们在春秋天凉时穿于袍衫之外、长至膝下的长坎肩。

衬衣是妇女的一般日常便服，为圆领直身的长衣，袖子形式有舒袖（袖长至腕）、半宽袖（短宽袖口加接二层袖头）两类，袖口内再另加饰袖头，周身加边饰。晚清时边饰越来越多，常在衬衣外加穿坎肩。氅衣与衬衣款式大同小异，只是左右开衩高至腋下，开衩的顶端必饰云头；且氅衣的纹饰也更加华丽，边饰的镶滚更为讲究。在穿衬衣和氅衣时，还系一条宽约 2 寸、长约 3 尺的绣花围巾，从颈后围绕，右端搭在前胸；左端掩入衣襟之内。

汉族妇女主要穿袄、裙、披风。裙子有百褶裙、马面裙、襕干裙、鱼鳞裙、凤尾裙、红喜裙、玉裙、月华裙、墨花裙、粗蓝葛布裙等等。

褂襕

披风，又名“斗篷”、“一口钟”，为无袖、不开衩的长外衣，也叫大衣。有长短两式，领有抽口领、高领和低领三种；男女都穿，官员可穿于补服之外，但蟒服不许用。行礼时须脱去一口钟，否则视为非礼。妇女所穿一口钟，用鲜艳的绸缎做面料，上绣纹彩。里子讲究的以裘皮为衬。云肩为汉族富贵人家妇女披在肩上的装饰物，平民妇女在婚礼服上也用。

天津独特的地理位置所形成的商贸大都会格局，造就了

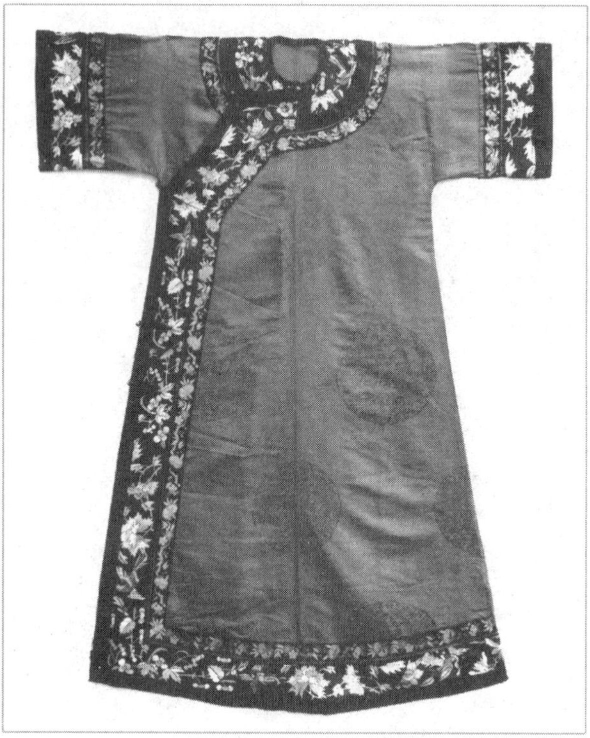

衬衣

一大批商人，表现在服饰上则是崇尚豪华、奢侈，无论面料、图案、做工、样式以及佩饰都追求高档次。天津的崇文思想也造就了一批文人，服饰的色调、式样都追求高雅清新的格调，在服饰上也力求整洁，以此维持他们所看重的“脸面”。长袍是上层人士普遍穿用的，有单袍、夹袍和棉袍之分，单袍俗称“大褂”。天津民间流行的长袍式样是右大襟式，左右两开衩，大襟所遮住的部分称为“掩襟”，有长掩襟也有半掩襟。最初，长袍上都不带口袋。民国以后，在长袍的掩襟上普遍安有一个口袋，便于盛放手绢等小物品（没有口袋时，手绢等小物品一般是放在左袖口内，走路的时候左手不垂放下来或是用手牵着袖口）。旧时，无论是商人、官僚、文人，还是平民百姓，只要稍有些“脸面”的人，长袍是必备的服饰之一，它既充当了礼服，又是日常生活中不可或缺的服饰之一。在比较正规的场合，长袍和马褂都是配合穿用，马褂的颜色要求必须深于长袍，否则会被认为人性轻浮。这种长袍与马褂搭配的穿法已成为清代男子服饰的一种模式。

天津是以漕运发展起来的港口城市，码头、脚行为数很多，因而“短打儿”这一特殊的服装便成为劳动者具有代表性的服饰。夏季一般都是“短打儿”；冬季则穿“二大棉袄”，内套紫花布小褂，下穿“空堂”棉裤，脚腕扎腿带子。“短打儿”，是负贩劳动者特有的装束，一般是指上袄下裤的打扮。民间夏季无赤膊的习惯，因而体力劳动者在夏季时，短打儿的上衣类似于坎肩，前后片用布条子在腋下连接起来。布料最初采用俗称“紫花布”的土布，颜色多为土黄色。黄河流域有一种开紫花长黄色棉絮的棉花，纺织成土布就叫“紫花布”，颜色与黄河淤土相似。这样的布耐污结实。后来人们又以黄河淤土出的胶泥染白布为黄色，仍然叫它“紫花布”。后来，则多用“细夏布”。冬季时，上衣则穿一种比普通棉袄长而又比棉袍短的对襟扣袢棉衣，俗称“二大棉袄”；下身穿“空堂”棉裤，并在脚腕处扎上腿带子。

河北地区服饰贫富殊异，按其家庭经济状况而定。富贵人家多穿绸缎皮纱等，并且绣以花卉；以长袍、长衫为礼服，出门做客，外加马褂，以示庄重，最低也是洋布制作。而平民则为短衣打扮，无论男女老幼，衣色均以青、蓝、黑为主，多用土布加以粗染。男子着装最常见的就是褂子，分大襟和对襟。民国后，老人们仍沿用大襟，而且喜欢染成深蓝色；青年人流行对襟褂子，还是保持立领、布扣。女子所穿的上衣也是布褂子，高领、大襟、大袖，襟及袖口等处镶边。随着时代的发展，褂子的身长渐短，袖变窄，也多不镶边了。纽扣常见的是布盘扣，也有铜扣、琉璃扣等。

男女下装在形制上几乎没有差异。裤子都是宽裆、镶腰，俗称大裆裤。腰与裤布色相异，一般地区都是青裤白腰，穿着时，因腰部十分肥大，需要将腰部多出来的部分向中间折过去，用布带子扎紧。前后不分，一样能穿。男子夏装多为原白色或紫花色；女子兼有浅蓝色、蓝色及白底蓝线条或蓝方格诸色。冬季穿棉袄、棉裤，做棉裤时，将腰部加高，多絮棉花以护住胸背，但穿起来肥大臃肿，十分笨拙；口袋缝于前襟内层左右两侧，开口于腹下的顺手部位，插手很方便。冬季寒冷，为了防风御寒，裤脚需用六七公分宽的布带或丝带扎紧，一圈圈缠裹而后别起；甚至夏季为了防蚊虫叮咬，也有用一层薄稀的布条将裤口扎紧的。讲究的妇女还在白色土布上用青、蓝色的绣线挑绣出条带状的纹样，在绑腿之外再加覆一层装饰。经常推车挑担、从事脚力者好穿“衩裤”，其样式如棉裤，裤脚前面及两侧与裤腰连接，后面臀部全部暴露；穿此裤必须内套单裤。

丰美晋鲁豫，浑厚陕甘宁——中原风尚

晋鲁豫地区是中华文化的发祥地之一，民间服饰朴实浑厚、色彩丰富、装饰繁多。山西地区历史上以物阜天成、人杰地灵而著称，尤其是近代晋商成就辉煌，传统文化非常丰富。山东民风淳朴，文化底蕴深厚，人才辈出，齐鲁文化曾经属于中国的先进文化之一。河南是中原文化的代表，不仅保存着原生的华夏文化，也体现出民族大融合的异域风采。

陕甘宁地区的服饰呈现出浓郁的黄土高原风情，色彩鲜明，对比强烈。陕西历史悠久，西安曾为十三朝古都，是炎黄文明发展的根据地。甘肃雄踞河西走廊，成为传播丝绸文化、联系西北各族、实现中华统一的重要通道。宁夏是西北要塞，是东西部交通贸易的重要通道，拥有神秘的西夏文明和浓郁的伊斯兰文化。

近代山西平民男子戴瓜皮小帽，穿大褂、长裤和老布鞋。劳动时脱去大褂，腰中、裤脚用带子扎住。服装颜色四季分明，春秋和冬季，穿蓝色、灰色、黑色；夏季多穿白布衫，天气炎热时穿布背心；严寒时穿棉大褂，色彩以古铜色居多。

中上阶层男子如商人、郎中、乡绅平时穿长袍马褂，头戴青缎小帽，衣料用绸缎绉绫等，平民则用自己纺织的粗布。民国时，平民男子穿夹袄夹裤，有钱人穿灰大衫“东风亮”。公务人员穿洋装，乡绅穿礼服，戴礼帽。劳动人民服饰多以粗布缝制，袄为大袄，缀以桃结扣；穿贴身背心，俗称腰子；鞋为圆口鞋，有“两道脸”；青壮男子腰加一条腰带。山西扎红裤带的习俗比较普遍，人们相信红色能避邪，保护人们渡过灾难，具有吉祥含义。扎红裤带即使现在仍然可见，尤其是年龄逢九的人，如 18 岁、27 岁的人。冬季则以毛毡为帽，羊皮为衣，坎肩皮袄是度冬必备的。经济富足之家，以穿市布为荣，黑缎小帽视为佳品。

女子以大袄、夹袄为主，袄上饰以刺绣，袖头接有挽袖。裤子窄长，外套膝裤，裤脚扎带。衣裤一般为土布，色彩以蓝、青、黑为主，裤子多为绿色、蓝色、青色，年轻妇女可穿粉红等艳色裤子。女子绝大部分缠足，穿高底绣花鞋，冬天鞋外套鞋，套鞋有棉、夹、毡之分。富贵人家女子服饰衣料多为绸缎，刺绣精细，袄外套有敞筒袄，肩披油领。油领有四角、六角形和圆形几种，形如垫肩，遮住前胸后背。民国时期不穿挽袖袄，时兴窄长的大襟袄，多穿红袄绿裤。

山西传统民间服饰以刺绣为主要装饰，多用在妇女儿童服饰上。妇女服装的刺绣，不同部位有着不同的花样。挽袖多饰以含有平安、吉祥、如意的二方连续图案。领口大多是如意云，饰以花卉图案。裙子常常嵌边、绣花，而颜色多为黑、蓝、红色的底。上衣，绣花多在胸口，常用图案有鱼戏莲、牡丹花等。鞋帮多绣以蝶恋花、蟾宫折桂等图案。“凉冠”是妇女夏天束发用的，常常以黑底绣花，甚为精致。冬天护耳的耳套，以桃形较多，常绣有吉祥动物花鸟纹饰。童鞋，男孩多为老虎鞋，前为虎头，侧有虎足，后有虎尾，向上掀起。在前面绣一绿色蟾蜍的名为蟾鞋，含有“蟾宫折桂，金钱落地”的寓意。

山东的官员和有功名者，参与公事或在其他必要场合皆按朝廷规定着装。士绅及富户衣质多丝绸。男子在家穿对襟便褂，外出着长衫，戴帽垫；冬季穿丝绵或羊、狐皮长袍，上套坎肩或马褂，戴风帽，脚穿白布袜和黑色双脸鞋或靴；女子穿大襟上衣，年长者袖长及指，下摆过臀，色尚青、蓝、赭；姑娘、少妇上衣下摆仅及腰，袖不掩腕，色尚红、绿、花。下身均穿大裆裤，外出时罩四扇长裙。冬季，女子的棉袄常有大小之分，都是大襟。大棉袄为外衣，较长；小棉袄紧身短小，是富足人家女子在温暖室内的着装。有的上衣下摆和裤脚镶花边；还有的把花边镶在膝盖处，称“腰镶”；脚穿木底鞋或靴。发型，一般已婚者梳髻，未婚者编一条长辫，插钗花、珠花，戴耳环、手镯、戒指。

至于中、贫之家，式样一般男袍女褂，皆为大襟，大裆裤，扎腿。男穿黑双脸鞋或浅鞋，女穿尖鞋或靴。冬季男子一般穿小棉袄或长袍，均扎包束腰，头戴毡帽或三大扇帽。衣料多用手工土棉布，颜色浅蓝，或青、或黑；中青年女子尚红、紫、绿或印花。有的因无钱染布，用槐花、石榴叶煮染，或以湾泥沤染，故黄灰不一。夏季，天气炎热，老人更喜欢用麻布做褂，称为“夏布衫”。春秋季褂子，一般要做成一表一里的夹袄。冬季，大襟棉袄也是依大襟褂的样子做成，老汉们还习惯再用一根长布带子扎腰，将长管旱烟袋、烟荷包、火镰和盛火绒的小壶等小物件系在一起，插于腰间。

山东临清地区自明清时代起，曾以皮毛业发达而闻名，许多作坊年终时将裁皮袄的下脚料分给工人，工人将这些料子分门别类拼成整料制成皮衣。这种皮衣被称作“千张袄”。

河南省清代服饰，一般为富者穿大襟长袍、长衫，老者外套马褂，女穿旗袍，以绸缎和毛制品为主要衣料。农民多穿用“家机布”手工做成的棉布衣服，对襟布扣短袄、短衫；女式袄褂稍长，有对襟、大襟两式。大襟布衫缀布扣或银扣，多镶边，并于拐角处镶云勾图案，领口、肩膀镶另色外衬肩，故有“月白布衫外衬肩”之说。男女一律着上腰大裆裤，裤裆不分前后亦不开口；多数裤腰为白色，且裤腰宽大，外系以腰带；也有的紧身折叠后扎布制腰带，即战带。女裤长至腿肚上下，裤脚镶一至数道边，裤腿宽一尺左右；老人扎裤腿。富家妇女着高领窄袖式长袄配长裙。体力劳动者夏季穿对襟布衫、坎肩和宽腿裤。春、秋、冬季，人们多穿蓝、黑、灰色，夏季多穿蓝色、灰白色。内衣多为灰、黑、蓝色，服色深暗，耐脏易洗。

民国时期，士儒乡绅、公务人员头戴帽壳（俗称“瓜皮帽”）、礼帽、毡帽。贫民多用棉帽、绒帽御风寒。妇女用围巾或黑布裹头。年老者戴黑色平绒帽或布勒子，前缀玉石花一块。小孩戴刺绣或彩绸盘扎的疙连帽、虎头帽、风帽等。民国后期，一般男子冬季戴拉虎帽，线织而成，前面留一圆洞，挽起后只护头，放下后可露出眼睛，柔软、舒适，很受农村男子的喜爱。民间百姓普遍穿手工布鞋、布靴，妇女穿绣花鞋，男子穿尖口或小圆口布鞋。男女都穿一道脸骆驼鞍布靴（这种靴因侧面看像骆驼的背，故名骆驼鞍）。雨天常穿套穿泥屐（木头底，油布面，底下有铁钉，是一种土制的拖鞋），在泥中走路可防滑。雪天有人穿桐油的油鞋或油靴。夏天也有穿葛麻编的麻鞋、草编的草鞋。男女皆穿手工制作的布袜，男白色，女青色。乡间中老年人常年光头者居多，妇女挽髻。

陕西服饰体现出黄土高原特色，服式有大襟子，即“满襟袄”、“大襟袄”，纽扣缀腋侧。对襟子，两襟相对，圆领，用布条编制或用木料、石头雕的纽扣七道缀于胸前正中，为民间便衣的一种。夹袄袄，双层春秋衣。棉夹夹，春秋季节穿的对襟薄棉背心。裹身，俗称“滚身”，类似棉袄而薄于棉袄的春秋初冬防寒辅助衣，民间老年男子多穿。肚兜，俗称“兜兜”，用两层布帛制成，菱形，绣有花卉、人物、动物等图案，用于护腹防寒。礼服有袍子，分单、夹、棉、皮四种，民间多为富户人家男子所穿。大氅，防寒大衣，有夹、棉、皮三种，以狐皮最为珍贵。毡袄袄，用羊毛擀制的一种防寒防潮而宽大的上衣，多为牧羊人和斫柴者穿，常用以避雨雪或驮背东西。披肩，又称“云领”，为妇女服饰，多为婚礼穿。毡夹夹是用羊毛擀制的背心，保护前腹后背，用以保暖防寒。净面皮袄，把羊皮用皮硝、糜子面等泡熟刨光，缝制成上衣、大衣。毛向里，皮面雪白光滑，毛质柔软，不用加布面，称“净面皮袄”。民间农人普遍都穿，用以防寒。褐子大衣，用线坨将羊毛捻成线，用土机织成毛褐，土靛染色，制作成大衣，既耐穿又大方。冬季戴皮毛耳套，腿着膝裤或用白羊毛擀制的软毡套裤；手以棉布制作的长约五六寸的袖筒取暖。妇女多戴花布袖筒，儿童多戴虎头或猫头袖筒。围裙是一种从前胸护至衣襟的妇女护衣，上带系于颈项，中带系于腰围，有绣花、印花图案，兼有装饰作用和保护衣物功能。

陕北农民最典型的形象就是白羊肚手巾红腰带。因为在黄土高原的农田里，气候干燥，常年少雨，干活时尘土飞扬，常常弄得灰尘满身，而扎在头上的这条羊肚毛巾就有多种功用，既可遮挡灰尘，又可用来擦汗。天冷时可作为围巾来保护耳朵以防冻伤，天热时蒙在头上可防日头晒烤，一物多用，因此颇受农民喜爱。而且，这种手巾还是姑娘亲手织造送给男子的礼物呢。在搬运时男子多戴垫肩。当时生产力落后，中近距离运输，几乎全靠人力，于是，长期从事这一职业的人群便发明了垫肩。垫肩呈半圆形，类似婴儿围嘴，用几层厚布密密麻麻缝成，或内垫羊毛等物加强防护作用，挑担时即套在肩上，既可保护衣物，又可使肩膀更均匀地受力。

甘肃地区平民服饰比较俭朴，贫富之间服饰差别很大。一般平民百姓多穿土布对襟上衣和带腰大裆裤；自制纳帮牛鼻子布鞋；冬季穿白板老羊皮大衣（不挂布面），脚蹬毡筒或短腰毡窝。贫穷农民夏季穿布单衣，头扎一块白色或蓝色布包巾；冬季穿白板皮大衣、皮裤，脚穿“皮窝子”，不穿袜子，裹羊毛线织成的裹脚，头戴羊皮或狗皮双耳帽。地主、富人则着绸缎、“洋布”，冬季穿挂布面的羊羔子皮大衣，脚穿厚底镶云加工毡鞋。女装多为大襟小袄，城镇中多穿旗袍。

陇东地区男子流行裹肚，又称“围肚子”，宽约四指，长与穿着者的腰围差不多，一般为二尺左右。裹肚是一种护身腰带，两端连缀长长的丝绳，可在腰中绕三匝，使裹肚牢系腰间，既提气，又美观。裹肚用多层布缝制，并分隔成几个口袋，方便男人存放钱物等随身携带的物品，相当于现在的腰包。裹肚一般是女性给男人的赠物，因此做工精美，多施以“鸳鸯戏水”等刺绣，以表深情。老人和孩子的裹肚则多绣五毒，以避邪消灾。

清丽苏浙沪，典雅皖鄂蜀——江南风韵

吴越、荆襄、巴蜀自古以来就是美丽富饶之地，被称为“鱼米之乡”、“天府之国”。这里气候温润，蚕桑、农业发达，人文环境优越，长江之水滋养了这里的织染和刺绣，也创造了令人赞叹的服饰文化。

自古以来，吴越地区盛产麻、葛，纺织业十分发达，桑蚕业的发展又使丝织品也成为人们制衣的重要原料。这些都为吴越地区服饰文化的兴盛奠定了坚实的基础。

江浙一带的清代女装，汉、满族发展情况不一。汉族妇女在康熙、雍正时期还保留明代款式，时兴小袖衣和长裙。乾隆以后，衣服渐肥渐短，袖口日宽，再加云肩，花样翻新。到晚清时都市妇女已去裙着裤，衣上镶花边、滚牙子，一衣之贵大都花在这上面。

民国时期，城镇女子风行“斜襟装”。这种衣裳有很高的立领，衣袖宽大，胸腰逼仄，与以前的宽衣宽袖有着明显的区别。斜襟装配与足踝相齐的长裙，手上常有扇子、钱袋之类助妆，在视觉上给人以苗条、颀长之感，表现出端庄、娴静的风格和特有的江南韵味。民国后期，旗袍成为一种不分阶层的女子着装。此外，女子还喜簪鲜花，不同的季节戴不同的花，特别是年轻女子人人簪花。贫家之女宁可食无肉，

不可头无花。花都是以朵论价，最受青睐的是茉莉花；因清香袭人，文人们把女子簪花称作“鬓边香”。

江浙一带农村的传统服饰体现出江南水乡的特色。大部分的农民讲究着衣实用，对有利于生产的服装特别青睐。一般男子多穿对襟褂，横钉一字扣，五或七颗，以黑、灰颜色为主。大腰裤是过去江南水乡人们最流行的式样，又称“包裤”、“笼裤”。这种裤腰围肥大，裤裆较深，裤脚宽大，便于起蹲等动作；前后有密裥，束在外衣上，正反可穿，蹲站舒适，避脏通风不挂缠；腰下有空插袋，可放钱物，又可暖手；不论干活，上街做客，全年有三季都穿它。夏天穿赭色拷布制成的短裤、背心，隔热性能好，烈日下不发烫。拷布耐湿、耐穿、凉爽、易干，是“香云纱”的前身。渔民一年四季戴帽，夏季戴斗笠、草帽，春秋冬三季都戴毡帽，既挡风又遮雨。

水乡妇女喜穿中式大襟、对襟衫，颜色依不同年龄阶段而变化，艳色为未婚女子所喜好，婚后则多穿白、浅蓝、蓝色等素雅色彩；老年妇女则以蓝、灰色为主，给人古朴持重之感。喜欢包头，包头常用靛蓝布，两旁边沿镶花布滚边，两端用白布或黑布贴角，包头上绣有彩色图案。包头布能遮阳避雨、挡风保暖，四季皆宜。下穿黑色长裙，或以腰兜为裙。裙子是江南水乡妇女最普遍的下装。按习俗，妇女不穿裙而见客，哪怕是穿着长裤，也会被看作是大不敬。尤其是农村女子，无论老幼，几乎一年四季都离不了裙子。有一种较普通的裙子——“作裙”，取时常穿着它在农田劳作之意。这种裙子制作比较简单，只用前后两幅布，缝边，上腰，钉上带子，即成。因其下摆大，穿在身上行动方便。腰带一束，将上衣收紧，冬天可起御寒保暖作用；夏天在作裙内穿条短裤，既雅观大方，又轻便凉快，还可保护皮肤，免遭烈日暴晒、稻叶划伤。如在野外劳动偶遇骤雨，还可将它兜在头上，暂且当作雨具使用。腰兜两侧有细密的褶裥，腰带上缀有流苏，腰兜上也绣五色图案。

水乡的鞋子也很有特色。鞋的形式颇似小船，不分左右，故又称船形绣花鞋。鞋帮以两片合成，鞋面以绣花为主，色彩鲜艳，花样丰富多彩。船鞋的做工精细，坚固实惠，是水乡妇女传统的礼鞋。水乡还有特色劳动鞋，有一种“钉靴”，一般以布做成，用桐油反复涂抹，使它不透水；也有用牛皮来制作的。钉靴底下钉上一些塔钉，使其变得耐磨耐穿。绍兴有“三月初三晴，钉靴挂断绳；三月初三雨，钉靴磨断底”的农谚。这说明钉靴是江南水乡较普遍穿的雨靴。吴县等地还有一种“耕田鞋”，它是用厚实的粗布制成，鞋帮不但高而且还用细密的针脚缝过，上面连着袜子，一直到膝盖。这主要是预防耕田时蛇虫的叮咬，也可防止脚底被锐物划破。遇下雨天，稻农们一般穿水草鞋、箬壳草鞋。过去，江南渔民还有一种特殊的袜子——发袜，是用人的头发做的。制作者是社会等级比渔民、农民更低贱的“堕民”。他们将头发捻成线，再手工将线编成袜子。发袜不吃水，干燥得快，很受渔民的喜爱。

水乡妇女为适应稻作生产的需要，还时兴戴“勒子”。这样，在田间劳动时，头发不会被风吹乱。苏州地区称勒子为“鬓角兜”，是由两片状如半月的黑色帽片连结成。帽片多由黑缎或黑平绒等做面子，红绒布做里子，内夹薄棉絮。勒子戴在头上，前额压住发际，两侧护住耳朵、双鬓，干净利索。

江南农民夏天戴草帽，冬天戴毡帽，雨天戴箬笠。其中以绍兴的乌毡帽最有特色，是用羊毛为原料，先弹松，摊开压平，经过反复锤炼、上浆、洗置，再制成帽子。乌毡帽既能遮阳避雨，防止潮湿，又能隔热保暖，抵御风寒，且牢固耐磨。除了炎天酷暑外，一年四季都能戴。人们在田间劳作休息时，还将它用来当坐垫，有时又可将它翻过来盛东西，当包使用。

浙江诸暨农民的大脚布在日常劳动生活中使用极为广泛。其长为六至七尺，宽约两尺，布质多为白土布、白“洋布”或蓝色粗棉布。大脚布的周边用线缝好，角端常绣上小花、小草作“记认头”，以便遗忘时寻找。常有姑娘买来白“洋布”，或自织白土布，亲手缝制成脚布，并精心绣上传情的图画，悄悄地赠给意中人。有的脚布用深蓝粗棉布做成，两头有须，认为能驱邪。大脚布的用途很广，劳作时，束系在腰间，既护腰，又可擦汗。挑担抬物背袋时，可作垫肩（旧时码头脚夫，常用这种长条大布束腰或垫肩，“脚布”之名，大约源出于此）；劳作休息时，可以当席；洗浴时，可以遮羞，还可擦身。走亲访友时，可以包礼品或回礼。四季当中，天冷时可作围巾，天热时可作汗巾，天落雨时可挡雨，酷暑时可遮阳……从前夏天农民在车水、耘田、打稻等田间劳动时，有的为省裤子或图风凉，干脆不穿裤，中围一条脚布。正因为脚布是一件非常实用的物件，因此，以前诸暨的成年农民，往住人手一条，随身系带，随时使用，不可短缺。在永泰地区，当地农民用的脚布则是用“三角巾”，由一大块蓝布对折而成。这些通常都是男子的专用品。

安徽地处长江下游，为华东腹地，江淮流经省内大部地区，自然条件十分优越。安徽纺织业发达，合肥挑花、卢阳花布、芜湖蓝印花布等极富地方特色，呈现粗犷与细腻相结合的风格。安徽气候多雨，梅雨期经常是阴雨连绵，道路泥泞难行，因此人们穿衣的习惯常常是上衣穿得比较讲究得体，而下装则随便些，且趋向于短，以适应泥泞的道路，久而久之形成了特殊的穿衣风格。安徽服饰崇尚朴素大方，造型上喜欢方圆分明的粗犷形式，色彩搭配上也多运用轻重对比的大色块，如常在袖口、裤脚镶上比较宽的重色块，与素淡的衣裤本色形成鲜明的对比。安徽人善于吸取东西南北各地不同的服饰风格并进行再创造，但仍然保持了传统的徽装气息。如各地都常穿的马甲，在安徽却是另一种风情。有的人把马甲穿在宽袖长衣之外；有的人在短衣外面穿宽大袖笼的马甲，都形成了一种对比，体现出浓郁的“徽味”。

旧时徽州男子穿长袍马褂，长袍与马褂均为圆领、窄袖。长袍为大襟，马褂是对襟。马褂以直筒呢、黑花绸缎为多，与蓝色、朱青色、灰色长袍配套，显得庄重大方。也有马褂、长袍相连的“两接头”形式，这种形式的长袍只有下半截，用扣子扣在马褂的下摆内。徽州女子常用的服饰为宽衣大袖式，单的为“褂”，夹、棉的称“袄”。面料主要有朱青布、蓝竹布、白底蓝花布、士林蓝布和黑箱云纱、绸、缎等。领口有圆领、元宝领，有大襟、如意襟、斜襟等式样。袖口有大袖，一甩袖口即能缩回衣内；小袖一般用作内衣及劳作时穿，袖口有纽扣可扣紧。

湖北地处荆楚大地，是古代楚国的政治文化中心，服饰习俗传承了古代楚国的服饰文化。荆楚服饰文化传统，在湖北地区代代相传，可以说在漫长的封建社会里其变化甚微。春秋时期，楚地的服装衣身紧小，色彩轻丽华美，与中原服饰差别很大，而这种服饰风格直至民国依然如故。据《汉口小志》载：“冬夏衣服花纹彩色，由季而异。夏时则好蛋青、血青、宝蓝……冬期则爱玄青、二蓝、品蓝、玉色、虾青、灰青等色。花纹则随时更改……”《东湖县志》（清乾隆二十八年刻本）称："罗绮遍体，无分贵贱，男妇竞尚奢丽。"上述实例，在一定程度上代表了楚地民间的服饰观念和审美情趣。

清末以后湖北的民间衣着打扮，衣分男女，时分冬夏；因地制宜，因性别、年龄而异；崇尚款式，追求时尚。在商界工作的不论是老板还是店员，多穿长衫，出苦力的劳动者则多穿短打。冬夏衣服花色，按季节而有所不同。夏季酷热，有钱人家轻罗薄纱，下层劳动群众则有终日赤膊者；颜色则好蛋青、血青、宝蓝、白色、灰色、米汤娇色、出炉银色，以淡雅为主。有一种"香云纱"（一种上漆的细麻布）制作的衣服，穿着凉快，不论贫富都有喜欢穿它的。冬季则一般要穿棉袄、棉袍，富裕人家在极寒之时，男女多服狐皮、羊皮袍袄，以御寒气。妇人还喜欢将火炉、火钵放在袍子里面，燃烧白炭、炭巴等类，以助体温。冬装的颜色则爱玄青、二蓝、品蓝、玉色、虾青、灰青等颜色。至于衣着之花纹则随时变改，男女老幼无大分别。从前女子"衣必红绿"，以红为吉服之色，凡有婚姻喜庆事时，家内一切布置皆以红色布制之，俗称为"满堂红"。除了夏衣用白色以外，其季节多忌讳白色。民国初年，一时兴起洋装热，人们多穿洋式衣服，女子亦间有剪发着洋装者。后因西服制作不得要领，人们认为有碍身体自然发育，逐渐摒弃，又返回传统服式。民国时期对长袍作了进一步的改良，无领改为圆领，宽大改为窄瘦。

这种长袍和长衫以及对襟褂、折腰长裤成了人们的常服，一般上层人士和知识分子多着长衫，而冬天即使农民也有着长棉袍御寒者。

蜀地服饰却表现出宽松、简洁、质朴的风格。这种风格两千多年来可以说已成定势，虽然其间多种因素形成的服饰屡经演变，但千变万化仍不失本色。如四川《太平县志》（清光绪十九年刻本）载："俗尚敦朴，衣多大布，虽富饶之家，鲜有衣文绣者。"清代，四川各级官吏的衣冠服式，均有统一规定。民间男子着大襟长衫，早期为大袖，晚期为窄袖；女穿大襟短服，均为大袖长裤。绅士则穿长袍马褂，戴顶顶帽（即"瓜皮帽"）。富豪之家穿戴绫罗绸缎，贫穷者衣着均为土布大襟与膝长的衣衫。民国初期，偶有着中山服、西装革履的出现，但被视为奇装异服。城乡士绅仍穿长袍马褂，头戴博士帽。上层妇女穿旗袍短袄，缎面绣花便鞋。农村老年人仍穿土布长衫，男女青壮年多着朴素短服，头包白布长帕，以利劳动。

四川人有爱包白头帕的习惯，特别是在农村，不论男女都用白帕缠头，直到如今，一些边远山区仍然如此。关于包白头帕习俗的形成，流传最广的说法是源于为诸葛亮吊孝。三国时期，诸葛亮任蜀国丞相期间，奖励农耕，抑制豪强，公正无私，赢得了百姓的尊敬和爱戴。诸葛亮去世后，百姓十分悲痛，纷纷自发地为之披麻戴孝，但因拖着孝布劳动很不方便，于是大家把孝布缠裹在头顶，这样既可为诸葛亮戴孝，又不耽误活路。久而久之，这一装束形成为一种世代相传的服饰习俗。白帕包头既能防风御寒，又起装饰作用，男子还可把烟秆插在帕内；妇女则把针线卷在帕中，出门在外，可用帕子包东西；干重活时，则可把头帕扎在腰中保护腰背，甚至爬山时还可用头帕当绳索应急。有的地区还以头帕作礼物，逢红白喜事互相赠送。用白帕裹头还有一些讲究，式样很多，如“缠三转”、“顶羊角”、“卷盘盘”等，各有韵味。

绚烂赣湘桂，明艳闽粤琼——岭南风貌

江西历史上被称为“楚头吴尾”，因长期在楚文化和吴越文化的熏染中，江西文化左右逢源，创造了丰硕的文化成果。

在清朝时客家男女老幼几乎全部穿“大襟衫”，长袖，直领，布扣；裤子是一律“大裆裤”，裤管宽约30厘米，腰头阔四五寸，腰不开口，多余部分折叠于肚前，以带系住。妇女衣服领边加滚饰，开襟、袖口、裤脚加花边等。清末，上层社会男子出外或会客以穿长衫为主，有时还在外面加马褂套在长衫上面。农村女子普遍系着的一种围裙“掩腹”，其实可以掩胸，下摆宽及两侧，上端缝花刺绣，另加“项链”、“腰链”和“牙牌”、“手镯”等服饰。女孩子一般都

是梳辫居多，少妇以盘髻为主。另外，偶尔有个别缠过脚的客家小脚妇女还穿着绣花鞋、系着罗帕。农家一般妇女不缠足，但是农家的老妇也系罗帕。民国时期，客家男子穿长衫马褂增多，后来又出现中山装，在知识界开始盛行。一般劳动者以穿对襟短衫的居多，俗称“褂哩”。客家妇女仍然以大襟衫为主，只有少数读了书的女性改穿旗袍或蓝衣黑裙，衣袖明显缩短至腕部。许多读过书的男子也多穿西式裤，系用皮带或吊带，女裤则一直以大裆为主。鞋袜方面，清朝时多穿布鞋，是家庭妇女自制的。雨天多打赤脚，或穿木屐底布鞋，或布鞋底加厚并涂以桐油。出远门或上山割草砍柴，穿稻草编的草鞋。到了民国，外地运进来胶鞋、雨鞋、皮鞋，只少数人穿用。一双雨鞋，往往全家人使用。袜子旧时用布缝制，清末开始有了纱织袜子。清末民初上层社会男子戴有帽顶的礼帽。普通男人戴棉线织的筒状爪子帽，后多改戴半球形羊毛帽。妇女冷天包罗帕，很少戴帽子。

景德镇的白围裙是江西一大服饰特色。这种白围裙，只是茭草工人（即包装瓷器者）干活时必穿的，并且作为一条不成文的戒律来恪守。白围裙只能好端端地围扎在身上，不能随意取摘下来，更不能用来垫坐。据说这种风俗是从清朝沿袭下来的，是为了纪念一位为大众利益牺牲的工友。

湖南、湖北及江西部分地区均属楚国故地。早在春秋战国时代，具有强烈进取精神的楚人就奉行广采博纳的文化政策，广泛吸取了中原文化、巴蜀文化、吴越文化的精华，形成了洒脱浪漫的楚文化，楚人的气质也深注到服饰文化中。

清代，湖南的布料多为自纺、自织、自染的棉布，俗称“土布”、“大布”或“粗布”。青蓝布经染坊踩石加工，硬挺平滑，油光发亮，未下水时十分美观，所以非万不得已，新衣是不轻易洗水的。浏阳北乡是棉布之乡，从幼女到老妪悉善纺织，有的男子也会纺织，所产彩色格子布，美观大方，远销他乡。浏阳又是夏布之乡。夏布洁白如银，质细轻便，穿着凉爽透汗，经久耐用，历来有杭州纺绸换浏阳夏布之说。清末以来，洋纱洋布日多，穿着日见华丽，但土布衣服仍以透气、贴身等优点为乡下人所喜爱。

清代，士绅一般着大襟长袍，有单袍、夹袍、棉袍、罩袍之分，外出罩马褂，戴缎帽。富家女子喜着大襟绣花衣，系百褶裙和筒裙。农家女子多穿粗布大襟衣，腰系围裙或抹裙，有的头裹方布，多为青蓝色，也有印花布，即在蓝底大布上印以白色或彩色的花鸟图案。劳动汉子多穿粗布大襟短衫，有的系围裙或腰裙，既可挡灰保洁，又可紧身御寒。不论男女，均穿大裆裤，又叫“折头裤”、“老头裤”。老幼着布鞋布袜，雨雪天外出穿木屐油鞋。农夫雨天作田穿蓑衣、戴斗笠，上山劳作或远涉担脚穿草鞋。民国时，虽还有“体面”人穿长袍马褂，但城镇男子时兴中山装、西装和皮鞋。女士则穿旗袍，高跟鞋，女学生穿短衣，系短裙。竹布、士林布、棉绸、哔叽等日益增多，套鞋渐取代木屐油鞋，线袜、纱袜取代布袜。一般人家，每人冬夏仅做一两件新衣，对于布料稍好（如士林布）的“遮面”衣，则百般爱惜，只在喜庆日子或走亲戚时才穿，过后马上收起。

广西南濒热带海洋，北为南岭山地，西延云贵高原，传统文化丰富。广西境内民族众多，尤其壮族人口众多，承袭了历史悠久的古越文化，体现了文化的多元融合。汉族民间服饰与湖南类似，清末时无论男女老幼，衣色以青、蓝、黑为主。衣料贫富殊异，富人多用绸、锻、绢、纱、皮为料，贫困者多用土布作料。男性衣式为大襟长衫，对襟短衣。富者以长衫为礼服，出门做客，外加马褂，以示庄重；劳动者除夏季外，多着短衫、长裤。女性为大襟喇叭式、齐膝衫和长裤。民国时期，城镇部分中、青年男子着中山装，妇女穿旗袍。解放前，农民的服装多以对襟褂为主。而壮族女子清末服饰为：上身穿大襟栏杆衣，领窝至右腋下的衣襟、两袖，均绣大花边；下穿长至脚踝的长折裙，或镶有花边的宽裤子；裙子外面，前后各绣一条垂直对称的大花边，在臀部处打几个折；臀部下的裙脚卷起一寸左右，两边以几针缝住，形成后裙脚弓形翘起，从前面看是筒裙，背后看是折裙，上下衣裙贴身，线条分外明朗；脚穿圆口绣花鞋，十分雅致。壮族男子穿黑布对襟衣，圆领阔袖，两襟扣子七个或九个，扣子用黑布制成；下衣是宽大黑布裤，裤口为一尺以上。成年尤其是老人，头包长约五尺的黑巾，或用一块黑长方形的布合缝，上端打折，顶开圆孔，戴于头上。平时，一般打赤脚，只有过年过节，喜庆日子，走访亲友，才穿上土布鞋或龙凤鞋。

广东的文化，历来不是封闭型的文化。对内，广东吸收了楚文化和中原文化，并改造了南越族的风俗习惯，对外，广东最先接受和吸收西方文化，因此，反映在服饰上，就是保守与开放并存，传统与新奇相济。

清末时期，广东地区平民衣服多是自裁自制，市料以土棉布为主，染料多用黄栀、黄土、树皮、靛青等浸染。男装款式是对襟、布纽，裤是宽脚交头式；女上衣为胖大交襟的“大筒衫”，裤子褶腰宽裆。富人则穿丝绸绫缎，银钗插髻，戴耳环、玉手镯、金戒指。幼儿穿开裆裤。民国时期，许多城镇男子穿中山装、青年装、学生装，个别人穿西装。女人穿大反领。男人礼服常是穿长衫，配黑色马褂，戴黑色瓜皮帽或宽边礼帽，称“荷兰帽”，穿布质圆口鞋。女人出嫁时穿大红旗袍，披大红霞帔肩，头戴嵌珠凤冠，配百褶罗裙，脚穿红色绣珠鞋。而多数平民百姓结婚时则只穿新衣裤鞋袜。

潮汕半山客承袭了潮汕传统文化，服饰特色为穿木屐，戴葵笠，随身带洗身帕。木屐一般以苦楝树制成坯，用棕毛编成“屐带”，制成棕屐，称“棕屐牯”。洗身帕，也叫做浴布、水布，长约二米，宽约八十厘米，织印有红、青、蓝各种颜色的大小方格，是潮汕农村男子随身携带的宝贝。外出时束于腰间，劳动时用以擦汗；暑天树下纳凉可席地而坐卧；下河洗澡时则作围腰浴巾；冬天围于头颈可以御寒；还可遮阳、挡雨、打包袱、作垫肩，用途十分广泛。葵笠即竹笠，是潮汕劳动群众普遍使用的雨具，均以竹篾、箭竹叶为原料编织而成。有尖顶、圆顶通帽等型式。精工的用竹青细篾，加藤片扎顶滚边，竹叶之上夹一层油纸，笠面加涂熟桐油而成。

潮汕客家妇女的凉帽也很有特色。凉帽用薄薄的篾片或麦秆编成，斗笠的顶部缝有布，有的还绣着花（多绣梅花）；边沿四周，除正面外，还垂挂着五寸来长的折叠均匀五彩斑斓的布，远远望去像一朵朵艳丽的鲜花。未婚的姑娘还在垂布的两端编织着五颜六色的彩带。彩带便成为客家姑娘婚否的标志。凉帽除有遮挡阳光，防雨水、防尘、防沙外，亦是客家妇女的独特的头饰。

潮州妇女的头饰也很特别，女子婚前多扎双辫，也有少数单辫。婚后就要打起脑后髻（潮语叫“打鬃”），表明她已是结婚了。脑后髻因时代不同、地域不同，因来处不同而有几种形式：大后斗，就是头上正中至脑后有一面像船帆一样的半圆形发式，要用很多小竹针把它夹住，并用很多比小指尖还小的小竹圈套紧，保持其不斜不倒；存下的发尾在后面梳起，叫“后斗尾”。两边的发要梳成像两朵半髻。每天天将亮就要起来梳妆，至少要一个多钟头才能完成，是清代有钱人家妇女的典型装扮。牛角鬏，就是把头发编成像一个牛角高高翘起，是清代的一种年龄较大的妇女或山区妇女或媒婆的简便发式。辫鬏，这种髻最为普通，即是把发在脑后编成小辫子，再把小辫子围绕起来，成为圆形，再用珠针穿紧，插上鲜花或布花。

豪放蒙青新，瑰奇藏滇黔——边疆风采

蒙古草原，绿草如茵，牛羊肥壮，是个极富传奇色彩的地方。蒙古族历史悠久，勤劳勇敢，在漫长的历史进程中，创造了特有的灿烂文化。清代蒙古族贵族服饰与满族相似。农民为便于耕作，大多穿布袍、短衫，束腰带，穿布鞋，而牧民则穿皮长袍。妇女的服饰讲究刺绣以装饰。伊克昭盟（今鄂尔多斯市）准格尔旗的蒙古族因受晋陕汉族移民影响，男女均喜用白头巾缠头。民国以后，部分蒙古族知识分子完全穿洋装。直至20世纪40年代，部分盟旗的王公、仕官仍着顶戴，穿清朝官式长袍马褂。蒙古人剪辫发较晚，至民国后期，农村、牧区男子蓄辫者为数仍不少。

新疆幅员辽阔，地处中国西部边陲，踞亚欧大陆腹地。它西、北邻蒙古、原苏联、阿富汗、巴基斯坦、印度，曾经是历史上贯通东西方经济、文化交流的枢纽。新疆民族传统

服饰色泽艳丽、五彩缤纷、种类繁多，其特征有相互贯通之处，具有浓郁伊斯兰风韵。维吾尔、哈萨克族等少数民族妇女爱穿色彩鲜艳的连衣裙，外套坎肩。维吾尔、乌孜别克族连衣裙宽大，胸前多褶，而哈萨克族、柯尔克孜族连衣裙下端多皱裥，塔吉克族妇女喜欢在裙子上系上围裙。维吾尔、乌孜别克等民族的男子多穿袷袢，喜欢在腰间系一条腰带。蒙古族、达斡尔族喜欢穿袍子，腰扎红、黄、绿彩色缎带。戴帽几乎是大多数少数民族共同爱好，尤喜欢戴花帽，但又随民族与地区不同而互有差异。维吾尔族花帽花样繁多，多为四棱小花帽。哈萨克族的帽顶绣花，帽檐用珠子镶成各种美丽图案的圆斗形，帽顶插一撮猫头鹰羽毛，是姑娘们最喜欢戴的帽子，象征勇敢、坚定。柯尔克孜族男女则喜戴各色丝绒圆顶花帽。塔吉克族妇女喜戴刺绣精美、带耳围的绣花棉帽。这种帽子戴上不仅美观，而且还能御寒。塔塔尔族妇女尤喜欢戴镶有彩珠的平顶花帽，帽子上喜披一块彩色头巾。维吾尔男子的传统长袷袢一般没有扣子，因此总要扎腰巾。腰巾还有多种用途，如携小物体、食品等，又是男子服装的重要装饰品。马靴也是新疆许多少数民族喜爱的，在喜庆的节日里，欢快的舞会上，他们仍喜足蹬锃亮的马靴，配上独特的民族服装，将这些民族剽悍英武的体魄和豪爽开朗的性格表现得更加突出。

青海素有“天河锁钥”、“西域之冲”和“玉塞咽喉”等称谓，地理位置十分重要。居住在青海的土族妇女穿小领斜襟长袍，两袖由红、黄、绿、紫、蓝五色彩布做成，被称为彩虹衣；腰系两头绣花的腰带；头饰十分讲究，特别是土语称为“扭达”的头饰，更是式样复杂，各地佩戴风格不一。

青藏雪域，号称“世界屋脊”，高海拔、高辐射，低气压、低气温，空气稀薄，温差极大。如此艰苦的自然环境却是藏、羌、门巴、珞巴等民族世世代代栖身之处。藏袍是藏族最普遍的服装，基本结构是宽、长、大。穿上这种大襟的袍服，行路时怀中可揣入许多随身物件；夜间解开腰带和衣而眠，裹盖全身可当被褥。藏帽和靴实用美观，帽的品种多样，形态各异，男女都戴。牛皮藏靴长及膝盖，夏天可以防雨，冬天能够踏雪，骑在马上便于踩蹬，很适应牧区的自然气候、地理环境及游牧生活方式的特点。

云贵秘境，素有“亚洲大陆水塔”之称，许多著名的河流都以这里为中心，呈放射状流向四方。云贵高原大山横断，沟壑密布，海拔悬殊，寒热各异，幻化出形态各异的自然奇观。正所谓“一年分四季，十里不同天”。而居住生活在这山林河谷中的民族又很多，故衣着装扮迥异而多姿，其服饰也就常常是隔山而不相同。云南少数民族中，彝族服饰最为多姿多彩，不仅充分显示了各地彝族拥有共同的历史，又显示了他们因地而异的民族文化特征。彝族服饰喜用黑色或青蓝色棉布缝成，运用不同的手工技艺，在服饰上制作出色彩艳丽的几何纹样，使服饰绚丽多彩充满活力。德昂族妇女穿蓝、黑色对襟短上衣，用红、绿、黄三色小绒球装饰，喜戴大耳环，银项圈。景颇族妇女穿黑色对襟，下着黑、红色织成的筒裙。盛装时上衣前后及肩上都缀有许多银泡，耳戴银耳筒，手戴粗大刻花的银手镯。傈僳族年轻姑娘喜欢用缀有小白贝的红绒线系辫，有些妇女还喜欢在胸前佩一串玛瑙、海贝或银饰，头上以珊瑚，珠料为饰。佤族崇拜红色和黑色，服饰多以黑为质，以红为饰，妇女多留长发，饰以银质发夹。普米族妇女喜包大头帕，扎牦牛尾和丝线盘于头顶，穿大襟衣，系百褶长筒裙，用宽大彩带束腰。阿昌族未婚男子包白包头，已婚男子包藏青色包头，青壮年在脑后留一尺多长的包布。怒族男女均喜欢穿麻布织的衣服，成年男子喜欢肩背弓弩及兽皮箭包。云南傣族妇女服饰最能体现实用与装饰，特别注重体现女性秀美窈窕之姿。

贵州少数民族的服饰，不仅款式丰富多彩，制作技艺精巧，而且内涵深邃广博，堪称“无字史书”。这些都是各个民族审美观念的体现，凝结着广大少数民族群众的聪明才智。贵州少数民族服饰至少有上百种。这是因为不仅各个民族各有自己不同的服饰，而且同一民族中也因支系不同而在衣装穿戴上有一定的差异。贵州少数民族的服饰中，男装一般都比较简单，而女装则多种多样。女装一般又有便装和盛装之分，便装比较简单，没有花饰或花饰很少，是平时穿用的。

盛装花饰很多，非常精美，特别富于传统的民族色彩，鲜艳多姿，只是在新婚、节日集会、走亲访友时才穿。苗族服饰有性别、年龄及盛装与常装之分，且有地区差别。黔中南女装上衣多披领、背帕等，下装有一青色百褶裙，也有蜡染裙，以挑花为主，兼用蜡染。花溪式女装，其披领酷似一面旗帜，俗称“旗帜服”，花饰也多。侗族男子穿对襟短衣，有的右衽无领，包大头巾。女子上着大襟，无领、无扣衣，下穿裙或裤。惯束腰带，包头帕。用黑、青、紫、白等四色。黑青色多用于春、秋、冬三季，白色多用于夏季，紫色多用于节日。侗族女裙不分季节，多用黑色。讲究色彩配合，主次分明，色调明快而恬静，柔和而娴雅。布依族惠水、长顺一带女子穿大襟短衣和长裤，系绣花围兜，头裹家织格子布包帕。镇宁扁担山一带妇女穿斜对襟短衣，穿白底蓝花蜡染布百褶长裙，系长围腰；姑娘头盘发辫，戴头帕，婚后则改戴“甲壳”。

第三章

民间服饰文化内涵

衣章辨贵贱，服制明尊卑——社会地位

在中国传统上，服装是政治的一部分。自春秋时期孔子所代表的儒家思想一统天下后，中国的服饰已不仅仅是裹体、御寒、美化的作用，它还具有标示等级、崇礼重教的特别意义，使人们能“见其服而知贵贱”。孔子说“君子不可以不饰。不饰无貌，无貌不敬，不敬无礼，无礼不立”。而“饰”如果不合规矩，乱了等级尊卑，情况同样严重。

在服装的款式上，社会地位的表现算得上泾渭分明，官员、士庶、仆役、百姓各有各的服饰。历代统治阶级都是宽衣大袖，装饰华丽，冠帽、鞋履变化繁多。而劳动人民向来都是短衣，劳动时束劳作裙，跣足或穿平头麻鞋，头上裹巾或戴笠帽等，一望而知其身份地位。

两汉时期，皇帝和皇后的服饰端庄华贵。武士的服饰威

武壮观。仕女的服饰以高髻、穿花襦，裤褂裙曳地为特征。文吏的服饰以束带、穿裤裙和戴冠帻为特征。农民的服饰以束髻、穿草鞋和短袖长襦为特征。市民的常服以包发巾、加抹额、穿和束大带为特征。厨役的服饰以扎带、穿襦和戴小帽为特征。劳役者的服饰以束发、穿衫裤和加臂为特征。

服饰除了分职业上的等级，还有种族的高低。元灭南宋之后，种族等级森严，国人被分为四等：蒙古人、色目人、汉人、南人。由于种族有高低、贵贱之分，在服饰上自然也有所反映。蒙古贵族衣着华丽，色目人次之，汉人即北方汉族又次之。而南人，即南宋遗民，其中处于社会底层的人，大多衣着褴褛。

下层百姓穿衣不能以下犯上，但对于上层来说，穿用下层的服饰是允许的，甚至还能带来新的流行。比如关于褙子的流行，宋代有一种说法，认为褙子本是婢妾之服，因为婢妾一般都侍立于主妇的背后，故称褙子。当然上层人也会以穿下层服饰为辱，如襦较为短小方便，下层妇女大多穿襦，一些贵妇虽然也穿这种衣服，但大多作为内衣，穿着时外面再加上其他服装。再如汉代以后出现了裤裆缝合的裤子，也具备了蔽羞的功能，因此，在它的外面，可不必加罩裳裙。但是，由于受传统习惯的拘束，上流社会的人都不愿单独穿着它外出，只有社会地位低卑的人，为图活动的便捷，才肯单独穿袴。

在服装的色彩上也不含糊，统治阶级根据古代礼制或五行对色彩的解释，同时依据自身的喜好，或者按照染料的市场价格将颜色也分了等级。中上阶层能够穿鲜艳、高贵的色彩，而贫苦百姓只能穿次等的颜色。而有时，各阶层所服的颜色也有明确规定，比如《中国历代服饰》记载：秦汉巾帻色“庶民为黑、车夫为红，丧服为白，轿夫为黄，厨人为绿，官奴、农人为青。”在唐以前，黄色上下可以通服。唐代认为赤黄近似日头之色，日是帝王尊位的象征，“天无二日，国无二君。”所以赤黄除帝王外，臣民不得僭用。后来又恐其他黄色与赤黄相混，官民一律禁止穿黄，从此黄色就一直成为帝王的象征。

在服饰质料上，贵重的织物如锦、绫、绮、花缎等都不是一般百姓所服，即使有钱，没到相应的地位也是不能穿的，有的朝代只有在结婚时可以例外。再如图案，龙是比较敏感的。就装饰作用本身来说，龙并不能为服饰带来比别的图案更强的装饰感，象征性是它的主要作用。而对与龙相似的蟒的使用则较为宽松，清代龙、蟒的区别也仅在于爪的五爪与四爪。

蓬门布衣苦，朱户绮罗香——经济生活

经济对民间服饰的影响可反映在三个方面，一是整体社会经济对流行服饰的影响，二是个体贫富差距带来的服装差

别，三是地区经济特色引起的服装差异。

有一句民谣说："宁做太平犬，不做乱世人。"当人的追求底线已经降到犬的时候，哪里谈得上人的价值、人的权利、人的尊严呢？更不用说对服饰的追求了。每当朝代更替或异族入侵的乱世，人们过着朝不保夕的流离生活，服装就会处于停滞或倒退时代。而当国家统一、经济富足的盛事，流行服装就变化万千，异彩纷呈。

隋唐时期，中国走向统一，封建经济和文化得到稳定的发展，整个社会呈现出一派欣欣向荣的景象。这为中华服饰文化的发展和各种服饰习俗的流行奠定了基础，也为服饰制度的改革和发展提供了有利的条件，使得这个时期的服饰大放异彩，更富有时代特色。可是，到了晚唐后期，特别是十年的农民战争，导致了唐王朝的崩溃。中国社会进入五代十国割据和混战的局面后，北方的经济和文化发展状况与南方相比，存在较大差距，服饰文化也自然逊色。这个时期，由于南方战争较少，所以在南唐、西蜀、吴越等国比较安定，不仅保存了中国传统的封建经济和文化，还在一定程度上得到了发展，尤其在金陵、成都等地，经济文化更加繁荣。这种繁荣，也反映在衣冠服饰上。如当时江南、西蜀地区的服饰，就比北方人民的服饰要考究得多，可谓质料精美，款式丰富。

明代国力强盛，同时也是服饰繁荣的时期。明朝从蒙古人手中夺得政权，对整顿和恢复传统的汉族礼仪十分重视。他们废弃了元朝服制，根据汉族的传统习俗，上采周汉，下取唐宋，集历代华夏服饰之大成。因此，明朝的服饰形式之繁杂，纹彩之斑斓，质料之多样，裁制之精巧都超过了以往各代。尤其是江南地区，由于经济文化的高度繁荣，得风气之先，成为了民间服饰风尚变易的发源地。明人顾起元曾经在《客座赘语》中这样描述南京妇女的装扮："留都妇女衣饰，在三十年前犹十年一变。迩年以来，不及二三岁，而首髻大小高低，衣袂之宽狭修短，花钿之样式，渲染之颜色，鬓发之饰，履綦之工，无不变易。"这说明当时江南城镇妇女衣饰的流行周期是很短的，乃至二三年一变。这种现象充分说明了在社会经济允许的情况下，民间服饰具有旺盛的生命力。

国家的盛衰对服饰的影响难以在短时期和小范围内显现，而贫富引起的差距往往极为引人注目。"朱门酒肉臭，路有冻死骨"，"蓬鬓荆钗世所稀，布裙犹是嫁时衣"，这些诗句都是描写贫苦的下层人的生活。这种对比是残酷而现实的，当上层社会的人穿轻裘软缎时，劳动妇女只能穿葛衣布裙，甚至结婚时"荆钗布裙，足以成礼"。

平民的服饰受严格的身份制度的影响，衣服的颜色、纹样、质料等受到很大程度的限制，但即使统治阶级没有限制，仅从经济方面考虑，那些绫罗绸缎也是他们穿不起的，"遍身罗绮者，不是养蚕人。”短衫短衣，一直都是平民百姓的常服，而且色彩单调，男子一般非蓝即黑，取其劳作方便。女子多为红和绿，且红色多限三十岁以下女子穿着，即所谓“红到三十绿到老”。

地区经济特色也为服饰带来不同的风格。如春秋战国时期，各诸侯国由于风土所限，服饰各有特色，如秦国服饰朴实厚重，楚国服饰清丽华美。当时，人们仅凭衣冠就能辨别出国籍。宋代以后，随着江南地区的逐步开发，南方经济渐渐超过北方，四川盆地和长江三角洲成了丝绸手工业发达地区，为当地的服饰发展提供了良好的基础。从《梦粱录》的记述中可见一二：“且如市、农、工、商诸行百户衣巾着装，皆有等差，香铺人顶帽披背子；质库掌事裹巾，着皂衫、角带。街市买卖人，各有各色头巾，各可辨认是何名目人。”

随着时代的进步，流通的加快，服装的成本不断降低，服饰的差别已经消失，即使是贫富之间服饰对比从外观上已不明显，只认衣冠不认人的现象已一去不复返了。

结发合二姓，亲疏论五服——人生礼仪

婚丧嫁娶，生老病死，都是人之常情。只要生活在社会中，无论其贫富贵贱，都会经历这些事情，举行相应的仪式，得到亲友的祝福或安慰。汉族崇尚礼教，礼体现在生活的各

红袄绿裤

个方面，服装更是不能含糊，各种场合的着装、佩饰皆有法度可依。

婚礼，民间俗称“小登科”。能登科的人很少，但结婚却是人人都会经历的人生大典。古代男女成婚之时，要男女共髻束发。三国时曹植曾写有诗句“与君初婚时，结发恩义深”，所以后人就以“结发”来形容原配夫妻。关于“结发”仪式的具体操作，宋代的孟元老在《东京梦华录》娶妇一节记载：“凡娶妇，男女对拜毕，就床，男左女右，留少头发，二家出疋缎、钗子、木梳、头须之类，谓之合髻。”可见，结发仪式流传久远，因为清代以前男子都蓄满发，能够梳髻，同时这一仪式也体现出平等而庄严的意味。

自古以来，人们最为重视结婚礼仪，因此婚礼服饰都是采用当时华丽富贵的款式。而且，随着时代的发展，婚礼服

婚礼袄裙

也在不断变化之中。汉代曾采用12种色彩的丝绸，设计出不同身份的人穿用的婚礼袍服。唐代穿戴贵重的钿钗礼衣，即发簪金翠花钿，身穿大袖衫长裙，肩绕帔帛，用作新娘礼服。在科举制度影响下唐代还出现“假服”，即当时贵族子孙婚娶可以使用冕服或弁服，官员女儿出嫁可以穿用与母亲的身份等级相符的命妇服，平民结婚也可穿用绛红色公服。“假服”发展到清代，新娘通常穿红底绣花的袄裙或旗袍，外面

"借穿"诰命夫人专用的背心式霞帔，头上簪红花，拜堂时蒙红色盖头；新郎通常穿青色长袍，外罩绀色马褂，戴暖帽并插赤金色花饰，拜堂时身披红帛，称披红。辛亥革命后，婚礼服日益多样化，清代的婚礼服和西式婚礼服被同时沿用。新中国建立后至改革开放前，民间婚礼服大多为日常生活服装，注重朴素整洁，而现在更是各随所好。

满月与周岁，是家族添丁加口的喜事。旧时老辈人要给孩子做些虎帽、狮子帽、相公帽、莲花帽、红肚兜、围嘴、斗篷、披肩、虎头鞋等，表达对孩子的希望和祝福。亲朋们馈赠各种小衣服，恭贺贵子临门，子嗣兴旺。诸如"麒麟送子"、"五子登科"、"福寿安康"、"蟾宫折桂"等是礼品上常见的图案。

老人做寿是一个家庭的大事，寿礼上小辈们都要馈赠织绣衣物、挂帐等祝贺。刺绣图案多庄重大方，富丽堂皇，如"鹿鹤同春"、"松鹤延年"、"麻姑献寿"等，且根据各地生活习惯又有不同。

在民间，丧葬礼仪也是非常隆重的。死者的服装称为寿衣。寿衣在款式上有性别、年龄的区别。按照民间习俗，向来把老年人的丧事当作喜事来办，因而有"红白喜事"之说，因此老人的寿衣也往往采用鲜艳的颜色。寿衣需早早预备，还要举行仪式，生前穿上寿衣去拜菩萨，让菩萨认定衣服的归属权，为了下辈子转世投胎不会光身受寒。近代汉族

做寿礼服

寿衣沿用清代冬衣配法，有衣 5 件、帽 1 顶、鞋 1 双，另有衾枕。外衣以绸为面料，大多绣“五蝠捧寿”图案。寿衣颜色，一般为蓝、褐色，年轻妇女用红、粉或葱白色。此外，还配以被褥，通常铺黄、盖白（意为铺金盖银），被面常绣“八仙”。

与此相对，参加丧礼的人们服饰也很有讲究，民间有五服制度。五服指的是五种丧服。在中国古代社会，以丧服来表示亲属之间血缘关系的远近以及尊卑关系。上到父亲、祖父、曾祖父、高祖父，下到子、孙、曾孙、玄孙，同时还有上述亲属的旁亲，都是有服亲，叫内亲。母亲一系叫外亲，仅外祖父母、舅父、姨母、舅表和姨表兄弟有服，其他人则是无服亲。即使现在说到亲戚，人们也会用服来论，若说三服之内，就表示比较亲近，而出了五服，交往就比较疏远了。

五服的款式是以服孝的轻重来分的，质料和缝制工艺越粗则孝越重，否则就轻。具体指的是斩缞（cuī）、齐缞、大功（功同工，指做工，大功即做工粗）、小功（做工细）、缌（sī）麻。斩缞是用很粗的生麻布做成，不缝边，像刀斩一样，故名斩缞，表示因最亲近的人故去，没有心情缝衣边，用于臣、子、妻、妾为君、父、夫服丧，穿这种丧服服丧三年。齐缞则是缝边的生麻布做成。大功和小功则是用熟麻布做成，只是做工不同。缌麻是细的熟麻布做成。服丧时间依次减少，有一年、九个月、五个月、三个月不等。因此，按服丧制度，缞亲指父系亲属，大功亲指祖父系亲属，小功亲指曾祖父系亲属，缌麻亲指高祖父系亲属，母系亲属均列入缌麻亲中。

裘葛四时异，单複五色同——色彩时令

古代政府为达到“天下治”的目的，充分发挥服装色彩的标示功能，一是区别身份地位，二是表示所处的场合，因此制定服色强烈地影响流行服色，不同朝代对色彩各有崇尚。在服饰的色彩上，汉族视青、红、皂、白、黄等五种颜色为“正色”，为贵，其余为间色，为贱。

秦始皇统一中国，建立了中国历史上第一个封建大帝国。他相信阴阳五行学说，认为黄帝时以土气胜，崇尚黄色；夏朝是木德，崇尚青色；殷朝是金德，崇尚白色；周文王以火胜金，色尚赤；秦以水德统一天下，色尚黑。

汉代之初，因刘邦夜杀大蛇，自以为蛇者白帝子，而杀之者赤帝子，故服色尚赤。其后，武帝太初改制，一度尚黄，并且官位高低以朱、紫为贵，当时因色调偏暖的青紫为贵族燕居的服色。古时用蓝靛染色，经多次套染而成的深青会泛红光，故怕深青乱紫，连县官也不许穿。同时规定青、绿为民间常服色。因青、绿色在视觉上有平和之感，所以后世一直被定作平民的服色。秦汉时服色以青、紫为贵，平民布衣只能穿白色的衣服。而六朝一反常态，服色尚白。自唐宋以来，龙袍和黄色就为王室所专用。百官公服自南北朝以来紫色为贵。

明朝因皇帝姓朱，遂以朱为正色，又因《论语》有"恶紫之夺朱也"，紫色自官服中废除不用。明代普通百姓的服装或长、或短、或衫、或裙，基本上承袭了旧传统，且品种十分丰富。但在服饰用色方面，平民妻女只能衣紫、绿、桃红等色，以免与官服正色相混；劳动大众只许用褐色。

古代人从礼的角度出发，将服饰、色彩、节气相联系。最普遍的就是过新年穿新衣，还有如清明节戴柳，端午节穿五毒衣等。而古代又将礼数和五行、四方、五时等联系起来，制定了一系列的规定来迎合这些规律。如东汉明帝时，“博雅好古”，以三代古制重新制定了冠服制度，并以四季节气而为服色之别，如春青、夏赤、秋黄、冬皂。百官依五时着裳，即立春日、立夏日、先立秋十八日、立秋日和立冬日，还会分别着青色、红色、黄色、白色和黑色的冠服，以与四时迎气之制相适应。

上层人士能做到依时而更衣，贫苦百姓就没有这个经济能力。但依照四时不同，人们的衣服也要随之改变。一般冬季穿袍和裘，袍即为絮棉的长衣，因为春秋时期没有棉花，只能充填丝绵，充填新绵的叫襺（jiǎn），充填旧絮的叫袍。穷人填不起丝绵，只能填些碎麻，叫做缊袍。古代常见的另一冬服是裘。裘是皮衣，毛向外，所以《说文》在“表”字下说：“古者衣裘以毛为表。”用以做裘的皮毛多种多样，例如狐、虎、豹、熊、犬、羊、鹿、貂等，其中狐裘和豹裘最为珍贵，为达官贵人所服，鹿裘、羊裘则最一般。狐裘的价值也并不一，狐腋下之皮毛最为轻暖，因而是最高级的。狐腋纯白，所以又称狐白裘。如成语中“集腋成裘”，是说积攒上千张狐腋才能制作一件狐白裘。就是这个道理，李白《将进酒》中也说“五花马，千金裘”。同样是裘，羊裘、鹿裘则是粗劣之裘。《列子·天瑞》说：“孔子游于太山，见荣启期行乎郕之野，鹿裘带索”，即穿着鹿裘并用绳子系腰，令孔子大为同情。到了夏天，上等人能穿纱罗之类的轻薄织物，而百姓一般穿名为葛的细麻布衣。葛是最早用来制作服饰的纤维。商周时代，葛布已经成了当时缝制衣服最重要的材料了 。到了周朝时，还专门设置了一个叫“掌葛”的部门，专管平民和奴隶们种植葛藤，生产葛布。根据葛纤维的粗细和质量不同，人们生产出了不同品种的葛布。例如，平民穿的葛布用粗葛纤维纺织而成，称为“绤”；王公大臣穿着由细纤维纺织成的葛布，叫做“絺”。到了汉、唐，虽然丝绸等纺织物已较多了，但劳动人民夏天穿着的基本上还是以葛为主的衣服。《史记·自序》记曰“夏日葛衣，冬日鹿裘”，都说明了贫苦人家的日常装扮。

凶邪须慎避，青黄两不宜——服饰禁忌

在服饰方面，不同的民族文化圈有着不同的禁忌规约，这些禁忌一般都以某种信仰为根据。汉族民间对服饰有很多禁忌，因为人们总是希望生活幸福美满，而穿衣是生活中的大事，因此重视服饰的象征意义甚于审美观念。不管是服装的颜色、图案、款式还是穿戴上，都希望是吉祥美好的，若所穿的服饰传达出不吉的信息，则会遭到嘲笑或羞辱甚至灾祸。总的来说，民间服饰禁忌主要就是避祸、避邪、避晦、避凶、避贫与避贱。

避祸。百姓穿衣要按照官方规定的形制和色彩，如有违规，视同谋反。如唐宋后官方曾以黄、紫为贵色，平民不许服用，因此平民百姓往往只能穿深蓝、灰黑、茶褐等色，女子可穿得鲜艳些；但穿黄色服装等同于逆谋篡位，罪不可赦，如果敢穿黄色，无异于惹祸上身。

避邪。除了阳间的皇家官府不能侵犯，阴间的地府鬼神也同样要尊敬，否则会遭受神灵的惩罚。如衣服的搁放位置不能触犯鬼神栖处。民间忌讳将妇女和小孩的衣物在夜间晾置在室外，恐冲犯到夜游神煞。小孩的衣服还忌搭在高处，俗称三尺以上有神鬼，恐伤害着小儿。

避晦。如缝制衣服时，北方汉族地区忌讳衣服的扣子为双数，俗说“四六不成材”，认为扣子双数会影响到穿衣人的事业成功。还忌把衣服穿在身上缝补或钉扣子，否则被误认为是小偷。俗语有云：“穿着钉，惹人恨。”另外在服装穿戴上，中原一带讲究女子的裙子不能反穿，因有“反穿罗裙，另嫁男人”的说法。只有孀妇改嫁时才反穿罗裙，若平时反穿自然是不吉祥的。还有，有的谐音不吉也需规避。如民间寿衣材料忌用缎子，因恐有“断子”之嫌；忌用纽扣，纽扣俗称纽子，谐音“扭子”，对儿孙不利。

避凶。主要是避免穿与寿衣或丧服相似的服装，如汉族以白、黑等为凶色。《礼记·曲礼》云：“为人子者，父母存，冠衣不纯素。”父母在时子女忌穿白衣，忌戴白帽。在魏晋南北朝以及隋唐时代，忌素服的习俗曾一度中断。大约到了宋朝，厌白尚彩的风习又普遍流行于民间。此后，民间服饰忌白和以白色为凶色就成为官方制度确定下来。除了颜色，反穿衣、反戴帽、衣服的下摆有毛边、衣带打死结等都是丧事时的服饰习俗，所以也需禁忌之。即使现在民间，举办丧事时也有戴黑纱、穿白色孝服、佩白纸花等习俗。因此现在虽然不忌白衣白裤，但若头扎白帕或脚穿白布鞋，仍被视为犯凶。

避贱。民间有男子不戴绿巾、绿帽子的习俗。因为自古以来，青绿被视为贱人服色，尤其是在元、明、清时，只有妓女、优伶等“贱业”中人才以绿色为服色。绿色的帽子在明代更是有明文规定，如何孟春《馀冬序录》云：“教坊司伶人制，常服绿色巾，以别士庶之服。”可见明代乐人、伶人必得“常服”绿头巾。清代亦如此，《清稗类钞》云：“嘉庆时，优伶皆用青色倭缎、漳绒等绿衣边，以为美饰，如古深衣。”贱人着贱色，视为职业服，不察其辱，反以为美；而通常人则忌讳穿着青衣、绿衣，唯恐自己与贱业、贱民同路，沾上“不洁”、“污秽”之气。

避贫。西北地区的汉族在穿衣方面禁忌短小，上衣一般都要过膝，裤脚达到脚面。这可能是生活地区风沙大、气候冷而形成的穿衣习俗。但若不这样穿，则会认为有贫气。民间做寿衣时，衣服款式要求袖子要长，须将手完全遮住；忌讳袖短露手，否则，据说将来儿孙会衣不遮体，要讨饭的。

随着时代的发展，汉族民间服饰在审美和穿着方面发生了巨大的变化，旧时的禁忌已逐渐消亡，只要符合审美规律，人们就能按照自己的愿望随心所欲穿衣；但绿帽子和白头绳至今还是人们禁忌的。

第四章

民间服饰制作工艺

勤妇纺丝缕，巧匠鞣毛皮——原料加工

服饰的原料，主要有麻布、丝绸、棉布、毛呢、皮革等。汉族的蚕桑技术，在相当长的时间内是世界上独有的。织染工艺，以其历史悠久、技术先进、颜色丰富、色泽艳美而在世界上独树一帜，享有盛誉。

过去工业不发达，人们过的是男耕女织的生活，因此纺织活动多由妇女完成。比如，生了女孩称为“弄瓦之喜”，瓦就是一种用来纺线的纺锤形器具。这说明自古以来，女子拥有纺织技术是天经地义的。当然，有些地方也有男性专门从事纺织的，或女子负责纺线，男子来织布。

我国各地物产不同，纺织原料也不相同。主要原料有棉麻丝毛等，其中麻、葛以南方生产为多，闽粤、苏浙、江西、湖南、四川等地均有生产。棉花产地多分布在黄河中下游沿

岸的冲积平原，低平的湖泊地带及滨海地区。除了两广等雨水较多的地区，几乎全国都有棉产区。丝绸主要集中于苏浙和四川盆地以及陕西、江西等气候温润的地区。而毛皮则出产于北方、西北牧业地区。各地出产不同，因此需要交换。南方的丝、葛，北方的棉、毛，经过市场流通，不仅解决了人们冬夏的穿衣问题，而且也给人们带来了农耕之外的收入。农民们依赖在市场上出售纺织品以补充农业之不足，并获取最低限度的生活必需品。有的地区手工纺织业成为农民家庭的重要支柱，甚至是地地道道的主业。

纺织原料的加工非常复杂，人们在长年的实践中积累了很多生产经验。

比如山东农村的棉纺织过程包括棉花加工、纺线、织布。棉花需要先用人工脚踏轧车除去面籽，成为生皮棉，然后用弹弓弹开，再将棉花铺开，用一细圆棍在棉片上搓动，做成布绩；然后用纺车纺成纱线，再上浆、牵经、织布。纺织多依靠群体力量，尤其在牵引经线的时候，往往需要一家或几家人分工合作。在山东，凡是织布的家庭，一般仅在麦收、秋收等农忙季节暂停数日。到了深冬，多数织户无取暖设备，就几家联合挖个大地窖，上面搭上顶子，留一个天窗，糊上白桑皮纸，就成了一个地下工作室。这样既解决了取暖问题，又便于相互交流。织户很勤劳，一家人轮流替班，歇人不歇机，夜间以灯烛照明，昼夜不停地织布。

葛布多用作夏装，清凉透汗，深受人们喜爱。广东各地多产葛，当地绝大多数女子都懂得葛的加工。雷州妇女多以织葛为业，整理葛时不分精粗，多以干捻成缕，不以水绩，恐怕留有痕迹。织工都是东莞人，与平常织麻不同，织葛的是细工。好的葛以纯葛为经，蚕丝作纬。

丝绸的生产主要集中在江浙一带。丝织品以华美著称。清代著名的三织造，即江宁、苏州、杭州都是为皇宫生产织物的地区。丝织物的加工包括手工缫丝，络丝、整经、打纬、织造等多道工序。而各种锦的织造工艺非常复杂，如云锦需要两个熟练工匠配合，一天也只能织几十厘米。而缂丝就更加费工费时，一天只能织一两寸。

甘肃地区鞣制毛皮的人称为“毛毛匠”，制作的羊皮雪白绵软。制作方法有两种。一种是“生揉”，也称“生挼（ruó）”，将剥取的羔皮稍晾干后，用力揉搓而成。这样做出的皮板轻软，不怕雨淋水湿。一种是“熟制”，用芒硝、小米面或青稞面作为鞣料硝制而成，能除油去膻，皮板平滑洁白，毛色光润。

尺度随心意，针剪摹物形——造型设计

我国民间服饰讲究含蓄美，不显露身体线条，男子服饰追求儒雅、端庄的气度，而女性魅力以优雅、飘逸的形象来

展现。因此，传统服饰都是不随身形的平面裁剪，服饰的穿着效果与穿着者的风度有很大关系。

限于服饰的结构，民间服饰的造型只能在平面的空间里施展才艺。因此，造型设计往往体现在大小两方面：大的方面，即服装的整体造型；小的方面，即细节的微妙之处。

如古代服饰的外形变化，有时宽博，有时紧窄，有时注

水田衣

重头上装饰，有时则关注脚下造型。仅在魏晋南北朝时期，妇女的服装就有三次大的变化。第一次出现于三国后期，首次突破了传统的服装模式，创制出了“上长下短”的新款式。《晋书·五行志》云：“孙休后，衣服之制上长下短，又积领五六而裳居一二。”这就是说，如果把这种服饰连同衣领共分为五六份，而其下裙长度仅占一二份。因为它突破传统而有所创新，故被晋代的干宝斥之为“上有余而下不足”

的“妖服”。第二次变化是两晋时期，流行的服式由上长下短变为“上俭下丰”，即上襦短小而下裙加长加宽。第三次变化是南朝宋、齐、梁时，由于士族地主的提倡，大袖长裾式的服装盛极一时。南朝诗文中就有不少对妇女身着此种服装的描写，如梁朝吴均《拟古四首·携手曲》有诗句“长裾藻白日，广袖带芬尘”。这些服饰尽管是平面裁剪，但衣式长短肥瘦的组合便足以掀起阵阵风潮。

传统民间服饰很讲究服饰间整体的配合，如利用尖角、细带的配饰与整体块面的对比，表现出飘逸灵动的效果。比如魏晋时的杂裾垂髾服，就是在衣服下摆部位固定上宽下尖的三角饰物，并层层相叠，还从围裳中伸出曳地的长飘带，走起路来，如燕飞舞。唐代的帔帛也有这样的效果。还有明清时的凤尾裙，也是用条状的绣带来增加动感。每件服装本身也讲究曲线和直线的对比，如汉代长袍袖子呈弧形，但袖口收小呈直的。清代的琵琶襟，流转的曲线在板直的衣身上增添了活泼的感觉，更不用说女子袄褂上多层流畅的镶边了。

民间的剪裁也很有特色，为了节约，发明了很多套裁的方法。如折裆裤的裤脚部分裁下的布正好可以用于拼裆，衣身周边裁下的布正好可以贴里襟。而有些碎布实在用不上的就可以攒起来，以后可拼成一件衣服，或用于贴补绣花。明清时的水田衣，是一种很流行的女装款式，早期出自民间妇女巧手缝制，是用各色碎布拼接起来的，后来广泛流行，就刻意而为了。但小儿穿的百家衣，是真正的拼接服装，甚至还讲究到各家讨要碎布，以求多福。

荷包的造型丰富多彩，常见的有腰圆形、方形、葫芦形、瓶形。民间妇女还常常发挥创意，制作出各种花果形，还可将花的叶子或果实的蒂设计成盖子，将整个荷包制成上下拉开的带盖容器。荷包还能做成各种动物形，惟妙惟肖，做成山石形表示长寿。总之，小小的荷包中透着无限的乐趣。

最能发挥创造性的可称为各式“莲鞋”了。缠足女子的脚形各不相同，鞋子都只能自己制作，甚至木底都需自己削制。而为了使脚型好看，大家都费尽心机掩饰脚型的缺陷，美化脚的形态，因此弓鞋的设计和制作显得尤为重要，并且也能体现出技巧的高低。比如采取高跟木制鞋底，制鞋帮时将后跟向外撇，脚尖直指向下，于是便缩短了脚底的长度，看起来更觉短小。

云肩也是民间女子造型设计的展示园地。她们利用各种造型的小绣片，巧妙地运用镂空、垂穗、拼接，不仅增强了云肩的装饰性，同时也使穿着时更加伏贴。巧手的姑娘还可自由设计基本形，如使用荷花瓣形、桃形、叶形等，只要自己喜欢，就能随心所欲发挥创造力。同时，云肩还能根据人的身材大小胖瘦设置纹样，将穿着者的身形条件纳入云肩的造型设计中。如欲使穿着者看上去消瘦苗条，可采用密排的柳叶式云肩。如欲穿出辉煌富贵的效果，则多用如意云头，层层连缀，使云肩与人体形成一个自然和谐的立体设计。

民间女子的针线笸箩里内容丰富，有针、线、尺、剪，还有各种花样子，往往折叠整齐，夹在样本厚书里，这些可都是她们制作服饰时必须借助的参考资料。样子一般都是用剪刀剪成的服饰轮廓或花纹形状，如鞋样、衣样、花样等。比如鞋样有专为小孩做的虎头鞋样和玉兔帽样，有结婚时用的“同谐到老”样，有祝寿时的“福寿双全”样等。还有一种藕、灯、梯并列的花样是专门用在寿鞋上的，其含义是“灯笼火把照路行”。这些样子有的是自己学来的，有的是自己创造的，也有的是从别人那里讨来的，或者是买的，还有的是从别人那里借来，自己照着熏样进行复制的。熏花样，就是把原纸样或设计的草图，贴在一张白纸上，然后点燃蜡烛进行烟熏，使其在白纸上留下一个清晰的“黑样”，然后再比着剪下来，就能永久保存了。

刺绣千针密，织锦寸金稀——织绣艺术

我国丝织品的种类甚多，按照织物的组织结构区分有纱、罗、绮、绫、锦、绒、绢、绸、缎等十余种。其中最华丽、最贵重的品种是锦。东汉刘熙《释名》中说：“锦，金也。作之用功重，其价如金，故唯尊者得服之。”就是因为织造锦非常费工，同黄金一样贵重，所以只有地位高贵的人才能

穿得起。

蜀锦、宋锦和云锦是我国历史上的三大名锦。蜀锦兴于汉，三国时代即有了很大发展。蜀锦的特色是以重经起花、彩条起彩为主，整经工艺比较复杂。宋锦是在宋高宗赵构南渡以后兴盛起来的。它是属于彩纬显色的纬锦，锦面色彩缤纷，绚丽鲜艳。云锦也是一种彩色提花丝织物，因其颜色浓艳，灿若彩云而得云锦之名。其花纹图案富丽堂皇，雍容华贵，明清两代一直作为宫廷贡品。

这样贵重的锦不是一般人能消费得起的，但民间百姓也有自己的锦，而且同样光彩夺目，并具有浓郁的乡土气息和鲜明的民族特色。如汉族有山东的鲁锦、江苏的芦扉花布等，少数民族有壮锦、苗锦、侗锦、瑶锦、黎锦、傣锦、土家锦、布依锦、毛南锦等。

鲁锦是一种纯棉色织格子布，色彩鲜艳，质地厚实。以鄄城所产最为著名，以各种色线交织出色彩斑斓的几何图形，通过色线的重复、平行、连续、间隔、对比等变化，以有限的基本色线神奇地幻化出千变万化的图案。芦扉花布是一种民间土织布，经线用蓝色纱线，纬线用白色纱线，顺序间隔，织出似席编结构的纹路；按纱线多少织出大小不同的席纹，又叫“三根头芦扉花”、“四根头芦扉花”；也有织出格子、条状纹路再嵌以吉祥文字图条的，如“田字芦扉花”、“喜字芦扉花”、“缠万字芦扉花”等。

刺绣是在织物上，以针引线，通过运针将绣线组织成各种图案和色彩的一种技艺。民间刺绣是劳动者创作的一种艺术形式，他们在每一件作品上都施之以智慧，倾注着感情，显示着朴实、率真、热情的人性意识；表达着勤劳、聪慧、多思的生活态度。由于各地审美的差异，形成了我国民间最著名的四大名绣。

苏绣，绣面平贴，色泽艳丽，浓淡相宜，针脚整齐，疏密有致，圆转自如，富有精细典雅之特色。苏绣历史相当久远。相传三国时东吴丞相赵逵之妹赵夫人擅长刺绣，能在方帛上绣出五岳、河海、城邑和行阵，当时曾有“针绝”之誉。宋以后，苏州刺绣十分兴盛，乡村“家家养蚕，户户刺绣”，不仅贫家女子以刺绣为生计，而且富家闺秀也往往以刺绣来陶冶性情，由此产生了“民间绣”、“闺阁绣”的名称。明代为大量制作戏剧服装，开始出现刺绣加工的场所，苏绣得到了进一步发展。至清代，苏绣更是盛况空前，苏州被称为“绣市”而扬名四海。

粤绣，又称广绣，包括潮州绣。它构图繁而不乱，色彩富丽，光彩夺目，针步均匀多变，纹理分明；多使用浓艳的七彩原色，并注重光影变化，具有西方绘画韵味。粤绣花纹生动写实，多作写生花鸟，常以凤凰、松鹤、牡丹、猿、鹿、鸡、鹅、孔雀等为题材，混合组成画面，颇具特色。《存绣堂丝绣录》介绍明末清初的粤绣说：“铺针细于毫芒，下笔

平金绣

不忘规矩。其法用马尾于轮廓处施以缀绣，且每一图上必绣有所谓间道风的飞白花纹，所以成品花纹自然工整。”

蜀绣，早在晋代就被称为“蜀中之宝”。清初，艺人们又吸取了上海地区顾绣的长处，以及长针刺绣而后扎针的民间绣法，逐步形成针法严谨、片线光亮、针脚平齐、色彩明快、掺色轻柔、虚实合度等特点。蜀绣技艺严谨精密，讲究施针，针法达百余种，常见的有滚针、掺针、铺针、晕针、盖针、戳针、沙针等。绣制时根据所绣图案，各种针法交错使用，变化丰富。蜀绣既长于刺绣花鸟虫鱼等细腻的工笔，又善于表现气势磅礴的山水图景，刻画人物形象也逼真传神。

湘绣，作为我国四大名绣之一，主要盛行于湖南长沙、湘潭一带，色彩明媚秀丽，制作精巧逼真，强调写实，质朴优美，形象生动。其特点是丝细，用皂荚仁溶液蒸煮，再裹起来揩拭，防止绒丝起毛，其光细胜于发丝，亦称“羊毛细绣”。湘绣在配色上善于运用深浅灰及黑白色，加上适当的明暗对比，增强了质感和立体感。结构上虚实结合，善于利用空白，突出主题，使图案色调变换柔和生动。湘绣的传统题材是狮、虎、松鼠等，特别是以虎最为多见。

四大名绣的产生除了本身的艺术特点外，另一个重要原因就是绣品商业化的结果。由于市场需求和刺绣产地的不同，刺绣工艺品作为一种商品开始形成了各自的地方特色，其中苏、蜀、粤、湘四个地方的产品销路尤广，故有“四大名绣”之称。除此之外，各地区、各民族的刺绣通过长期的积累和发展，都有其自身的优势和特点，如京绣、鲁绣、汴绣、瓯绣、杭绣、汉绣、闽绣等地方名绣以及各少数民族的特色刺绣。

汉族北方地区的民间刺绣手法多种多样，平绣、锁绣、参针绣、打籽绣、裹物绣都是常见的手法。施针用线不拘一格，或精工细作，或粗犷豪放。传统的刺绣技艺往往是通过家传、互相之间的交流而得以延续的。女孩子在少年时代就受到家庭的熏陶，开始学着刺绣了。随着年龄的增长，绣花在她们的成长中自然成为一项重要的艺术活动。她们在实践中不断积累经验和技能，又在长辈的影响教导下，从模仿进而独立地去创造新的花样。

北方民间刺绣选用各种精美丝绸、缎料作底面，五彩丝线作绣花线。因材料本身具有天然的光泽和柔软舒适的手感，所以愈发显得华美精致。

河北民间刺绣纹样造型浑厚，删繁就简，强调神似，其构图饱满，动静结合且富寓意性、装饰美。在色彩的运用方面也有不少传统的配色口诀。如："白间黑，分明极；红间绿，花簇簇；粉笼黄，胜增光；青间紫，不如死"；"浓不堆垛，淡不浅薄，密不杂乱，疏不空旷"；"青紫不并列，黄白不肩随"；"色多不繁，色少不散"；"艳不俗，淡相宜"；"草绿投粉而和，藤黄加赭而老"；"无白不显色"。

陕西、晋南一带的民间刺绣多以色彩饱和的偏暗色如大红、枣红、深蓝、藏青、深紫、黑色作为底色基调，上面配淡雅的色彩如绯红、橘黄、粉红、粉绿、浅蓝等彩线，强烈的对比色对比中求和谐，庄重沉稳而又秀雅俏丽。晋南民间刺绣地方色彩浓重，构图严谨，表现方法多样，绣品造型生动。如晋南农村儿童头上戴的花帽是根据儿童的年龄、节令的变换而设计的，帽子的耳朵、眼睛、舌头都能晃动。在绣品中虽然只用几种颜色调配，却显得五彩缤纷，绚丽多姿。晋南民间刺绣有斜针、平针、散针绣和打子绣、套扣绣、盘金绣等多种针法，根据所要表现的内容，使用不同的针法，形成许多不同风格的绣品。

甘肃的民间刺绣简朴粗犷，稚拙有力，最具代表性的要算庆阳地区，常用手法是绷花和补绣。绷花比较简单，就是以针引单线，寥寥数针绣出生动的作放射状花朵，有时也用双色和多色线绷成，更有剪金银箔衬底再以线绷的。补绣中常用的是：一，垫补绣。用布、绸或其他材料剪成所需图案，以棉花垫入图案底料下，再将图案花边周围图形用扎针法锁边绣牢。细密的针脚犹如一条装饰线条，给图案本身增添了装饰效果。在垫补好的图案上再施以刺绣，完成后，图案呈现浮雕状。二，挖补绣。以白色为底，黑、青色剪成所需纹样，镂去图案中不需要的部位，再在镂空处衬以各种色调鲜艳的布料。这种装饰手法独具匠心，巧媳妇们在黑色纹样中又衬托出色彩鲜艳的另一种图案，充满大胆而奔放的想象。

合肥地区的挑花很有特色，一般用于挑花头巾。挑花头巾的特点是织、绣结合，既经济实用，又美观大方。妇女们先用窄箱木机织成一匹色织布作底布，通常是用深蓝、黑、白三色的经纬交织，蓝白、黑白的方格或条纹，基调以白色为主，然后用黑色或靛蓝棉线挑绣各种图案花纹。针法可分三种，即密针铺线、单针折线和十字针花。三种针法各有特色，但应用在头巾上主要是前两种。合肥挑花题材丰富，形式多样，一般有大花、小花、小白花等三种样式。

江西民间绣品具有明显的地域特色，和当地的经济文化有着密切的联系。如赣东北婺源的民间刺绣与其民居民俗一样，体现其文化的精华，其用料讲究，造型独特，绣工精细，佩饰华丽。景德镇一带的民间刺绣，颜色大红大绿，喜庆色彩浓郁。赣南的民间刺绣带有浓重的客家风格，用料质朴、工艺粗中有细，刺绣图案装饰性强，图案夸张变形，色彩对比强烈。

湖北阳新的“布贴”是利用各种剪裁剩下的边角布料按照人们的意图拼贴成图，多用于给小宝宝做补贴衣。制作布贴特别注意颜色的搭配。由于阳新山多，当地人习惯穿黑色或深蓝色布衣，所以，布贴衣也多以这两种颜色为底，其上再选用红、黄、蓝、绿等饱和色，沉着浓烈。另外，用布贴造型时，如果是人物、龙、凤、麒麟、游鱼等，面部则多处理为白色布底，虎、猫、狮等动物面部多以黑色布为底。这是因为前者取其白净，便于饰出五官；后者是猛兽，压邪之物，需要突出其威武之姿。如果是一般植物、动物，则多信手拈来，不拘一格。

湖北黄梅地区挑花十分精美，图案整体布局严谨，对称中求变化；构图形式多样，有中轴对称结构、菱形结构、对角线结构，还有散点结构和正梯形结构；图案纹样主要包括戏曲人物、花卉动物、诗词文字、吉祥纹样等。黄梅挑花对技术要求非常高，主要体现在针法上，主要分十字针、双面针、直线针、空针、牵针五种。挑花妇女善于根据实用要求、结构特点、视觉形象，变换或综合多种针法。

西南少数民族刺绣与汉族民间刺绣有着迥然不同的风格。汉族民间刺绣更强调以点带面，有主题，有重点，色调上也对比鲜明。但西南少数民族尤其是苗族服饰刺绣却繁缛复杂，全服满绣，华美壮观，斑斓厚重。不同民族、不同地区、不同服饰的刺绣手法也各有特点。苗女服饰刺绣品类繁多，当为众民族之首，以贵州省施洞地区的刺绣为最佳。施洞苗族的刺绣以破丝平绣为主要针法，用于衣袖、衣襟等部位的装饰，绣品细腻光滑，十分精致。侗族妇女的服饰刺绣则善于使用立体绣手法，先用浅平绣和裹物绣手法做成金色花纹，上面再用立体绣手法做成复杂规整的白色植物纹，形成强烈的浮雕感。

这些民间织绣在布色和造型上，大拙不雕，稚拙天趣，于浓艳中见深沉，在淡雅中寄激情。既有同一色相的渐变效果，又有对比色的均衡对应，也有多种色调的相互映衬。除了实用审美的作用外，织绣还成为一种教化手段，使得广大的民众虽因家境贫寒不能“知书”，但却能“识理”，内容中有理想的寄托，又有现实的指南。如用“鱼跃龙门”、“蟾宫折桂”、“八仙过海”等寄托生活理想，用“牛郎织女”、“关公夜读”、“囊萤借光”等来勉励后人。可以说，民间传统文化是以织绣来装点生活、传承文化、培养人才的。

巧结同心扣，细制合欢裙——缝制技巧

民间服饰工艺之精细除了体现在织绣方面，还体现在服饰的缝制技术上。古代没有现代这些先进的制作服装设备，服饰的缝和制全凭针线、熨斗以及女子的用心和细致。女孩子从小专于女红，家里人的服饰都须在劳作之余制备，因此熟能生巧，往往有惊人之作。如魏文帝的妃子薛夜来，貌美手巧，尤擅缝纫。《拾遗记》记载：“……夜来妙于针工，虽处于深帷之内，不用灯烛之光，裁制立成。非夜来缝制，帝则不服，宫中号为针神。”

在古代，女子的缝纫技术代表了她的才能，因此格外受到姑娘们的重视，甚至还有专门的节日——“乞巧节”，亦即七夕。民间传说织女是一个美丽聪明、心灵手巧的仙女，凡间的妇女便在这一天晚上向她乞求智慧和巧艺。七夕乞巧源于汉代，东晋葛洪的《西京杂记》有“汉彩女常以七月七日穿七孔针……”的记载。宋元之际，七夕乞巧相当隆重，京城中还设有专卖乞巧物品的市场，世人称为乞巧市。

清代以前的服饰都是手工缝制，民国开始之后才出现车缝的情形，且愈往后，车缝占的比例愈高。但有许多手缝，穿针走线的手法却比车缝还密。一些有衬里的衣物，翻遍整个衣身，竟找不到丝毫缝线，可见当时女子在针黹（zhǐ）方

面下的功夫。

缝衣工具最基本的是针和线。最初用的竹针，写做“箴”，后来有了金属的针，则开始写做“针”。缝衣用的线一般较为结实，古代还曾用过动物的筋来缝皮革服装。缝丝绸或棉麻服饰时色彩和质地一般随面料而定，多为加捻合股的线。

缝纫的线迹有的表露于外，有的则尽力隐藏。常用的针法有攻针、缲（qiāo）针、回针等。攻针俗称“排针”或“推针”，是最常用的针法，运针时在布料正反穿走，沿直线前进。缲针是斜着走，正面尽量少露线迹，整个线迹像一根弹簧，一般常用在衣片折叠部分、袖口、领里、盘扣以及一般暗处。回针也称勾针、倒扎针，是向前缝一针，再向后缝一针的循环针法。这种针法有一定的伸缩性并能起加固作用，线迹正面看类似车缝的，背面则是针针相叠。此外，还有绷针、勾针、锁针、钉针、纳缝和绗缝等针法，均以针迹整齐、细密、均匀为上。

服饰缝好后还需整理，一般为烫平或压褶，常用工具为熨斗。据考证，熨斗在汉代时就已出现。据《青铜器小词典》介绍，汉魏时期的熨斗是用青铜铸成，有的熨斗上还刻有“熨斗直衣”的铭文，可见那时人们就已懂得了熨斗的用途。晋代的《杜预集》中写道：“药杵臼、澡盘、熨斗……皆民间之急用也。”说明熨斗已是当时民间的家庭必备用具。

"熨斗"名称的来历，取象征北斗的意思。清朝的《说文解字注》中写道："上像斗形，下像其柄也。斗有柄者，盖北斗。"古代的熨斗是敞口的，汉唐时期的青铜熨斗，样子像现在的水勺，盛上热水就可以用来熨烫丝织品；明清时期的熨斗多为铁制，用烧红的木炭加热，所以又叫做"火斗"。熨斗还有大、小之分，衣袖等服饰的细节之处就要用小熨斗，一般是用炭火烤热再使用。到了清末民初，有了带盖的熨斗，虽然仍然用木炭，但因为有了通风口的设计，熨斗的温度开始可以调节了。熨斗的出现使一些复杂服饰的出现成为可能，如女子的百褶裙就是依靠熨斗成形的，褶裥需要手工一条条地缝出来，然后再用装上炭火的熨斗烫过，才能呈现出波光闪动的百叠千褶裙。当然现在苗族的百褶裙也有用蒸锅定型的，这在古代也应是一种常用的方法。

对于较为厚重的服饰如鞋帮、袜底、帽片等，热烫不管用，只能用冷压。在山西一些农村的居民家中有一种青石雕刻，状如玉玺，上部雕有形似印纽状的立体雕刻，下半部为长方形或方形的扁平石板，当地妇女就用它来压平鞋底或者鞋帮的布袼褙儿。石雕的镂空部分还可用来穿绳系带，拴住在炕上玩耍的孩子，同时也是北方农村炕头上的艺术品。

服装上的一些小配件堪称点睛之笔，如盘扣、花结等，也需民间女子们一丝不苟地制作。作为扣合衣物用的纽扣，早期为盘扣，有直扣、琵琶扣及各类花扣等，多是以丝绸或布条做成；也使用金属、玻璃制的扣子。装饰衣物用的花结，是用一根线编到底，看不见线头、线尾的结饰，机巧精致。刚编出的结形，结构松散，要经过调整抽形，才能成形。为防止松散变形，必须用同色线暗缝在结形里。还有加固衣缝用的拉线袢，是用针绕线形成的较粗的系带，连接于服装缝迹的止口，使经常受力的部位不至于撕裂。

款变十年新，图纳百福吉——图案纹饰

我国传统民间服饰由于服装结构和廓形相对稳定，因此非常重襟、袖、领、扣、边、褶的变化，尤其对色彩的搭配、镶边的效果、刺绣的针法、图案的设计更为讲究。民间服饰图案包含着千百年来广大民众的艺术创造精华，内容丰富，内涵深刻。

汉族服饰的装饰纹样上，多采用动物、植物和几何纹样。图案的表现方式，大致经历了抽象、规范到写实等几个阶段。商周以前的图案比较简练、概括，抽象性强烈。周朝以后至唐宋时期，图案日趋工整，上下均衡，左右对称，纹样布局严密。明清时期，已注重于写实手法，各种动物、植物，往往被刻画得细腻、逼真，栩栩如生，仿佛直接采撷于现实生活，而未作任何加工处理，充分显示了汉族人民的勤劳与智慧。清代服饰的精美和繁复发展到了极致。一方面是由于生

产力的发展，织造技术的提高，另一方面清代广泛流行妇女裹脚，由于行走困难，为做女红提供了时间基础。

宋元以来，随着理学的发展，在装饰艺术领域反映意识形态的倾向性越来越强化，社会的政治伦理观念、道德观念、价值观念、宗教观念都与装饰纹样的形象结合起来，表现某种特定的含义，几乎是图必有意，意必吉祥，被人们称为“吉祥图案”。这些图案不但美化着服饰，还有深刻的“涵义”。其表现法大致可归纳为象征、谐音、寓意和符号等。

象征就是根据自然物的生态、形状、特征、功用及关系等，表现特定的思想。例如石榴内多籽实，象征多子；牡丹花丰满鲜艳，象征富贵；葫芦不断生长、结果，象征繁衍；仙鹤、乌龟是动物界的高寿者，象征长寿，等等。还有，以鸳鸯象征夫妻恩爱；蝴蝶花卉象征爱情；仙鹿、仙鹤均象征长寿；孔雀、锦鸡象征地位；鸳鸯、鸂鶒（xī chì）象征婚姻美好；喜鹊与梅花相配为喜鹊登梅，象征喜报新春。

谐音即借用某些事物的名称组合成同音词表达吉祥含义。如“金玉（鱼）满堂”——金鱼和鱼缸；“平（瓶）安如意”——花瓶中插着如意；“三阳（羊）开泰”——三只羊仰望太阳；“五福（蝠）捧寿”——五只蝙蝠围着一个寿字；“六（鹿）合（鹤）同春”——鹿与鹤在一株常青树下，古时称天地四方为六合；“马上封（蜂）侯（猴）”——猴子、蜜蜂和马；“耄（猫）耋（蝶）富贵”——猫、蝴蝶和牡丹，耄耋言长寿之意；“吉（戟）庆（磬）如意”——金戟、磬和如意；“喜上眉（梅）梢”——喜鹊站立梅枝上；太师少师——大狮小狮相戏。

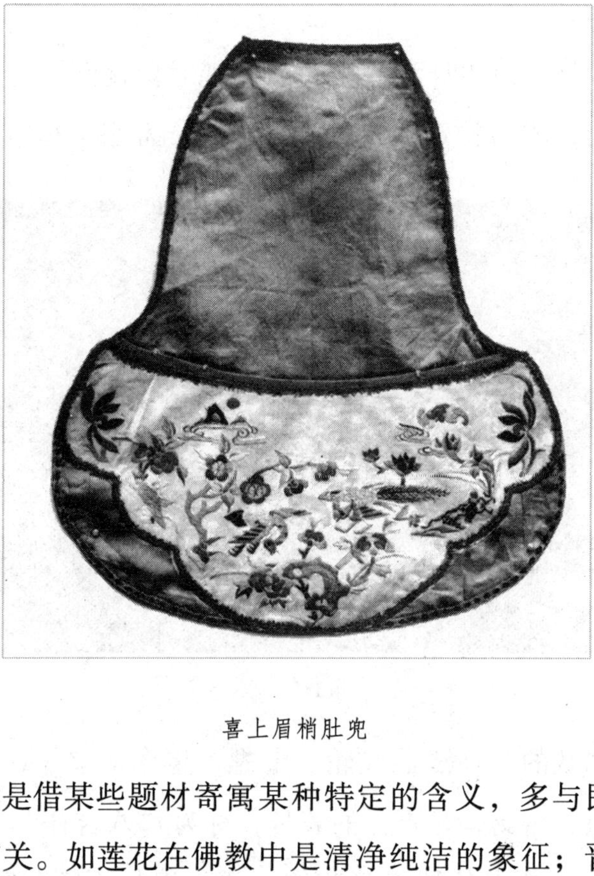

喜上眉梢肚兜

寓意是借某些题材寄寓某种特定的含义，多与民俗或文学典故有关。如莲花在佛教中是清净纯洁的象征；晋陶渊明种菊东篱，故喻菊花为隐逸；梅、兰、竹、菊——称为“四君子”，寓意品德清高等等；并蒂莲花则寓意爱情忠贞；萱草被称为宜男草、忘忧草，寓意母亲。如“鲤鱼跳龙门”、“百鸟朝凤”、“五谷丰登”等，鲤鱼跳龙门寓科举得中，鲤鱼系飘带则为八吉祥纹样之一；鲶鱼、鳜鱼象征丰收；蝙蝠谐音福字，与卍字组合为万福的象征；蜜蜂与灯笼、稻穗组合，象征五谷丰登；将桃、杏、荷花、菊花绣于一体，寓意四季吉祥等。

符号与人的切身利益相关的客观对象逐渐固定化为观念的替代物，成为特定的符号，如卍字、寿字、福字、喜字等

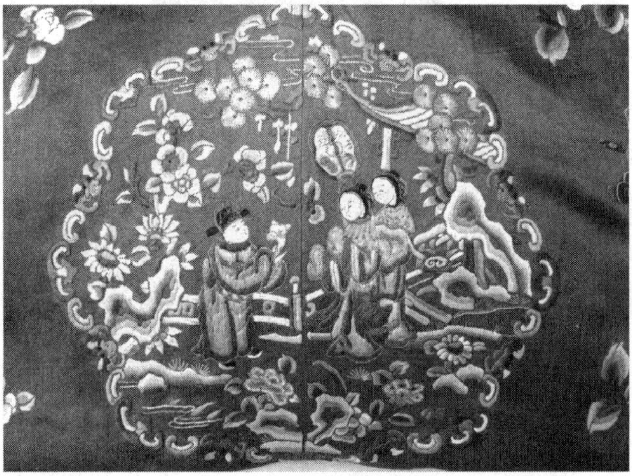

人物情景纹

文字。佛教的八种法器宝轮、宝螺、宝伞、宝盖、宝花、宝罐、宝鱼、盘肠，是吉祥的表号，称为“八吉祥”。万（卍）字不断头，绘出各种连锁花纹，意为绵长不断，富贵连绵。还有一些民间服饰上的常见图像，虽在造型上不同于符号，实际上已经脱离现实生活的原形，通过文化传承，形成一种集体的契约，成为约定俗成的符号系列。如：“虎”——用于避邪和护生；“鹰”——用于镇宅；鸡——象征吉利，又吃

五毒；“桃”——寓意长寿，又能作避鬼之用等等。虎口衔艾叶是端午节镇压五毒的象征。八宝纹由珊瑚、金钱、金锭、银锭、方胜、犀角、象牙、宝珠组成，象征富有。

自然风景纹，服饰上常用的为云纹，有四合如意云、八宝流云等；雷纹一般作为图案的衬底；水浪纹多作服装底边等处的装饰。此外，民间喜闻乐见的内容也常为刺绣的题材，瓜果蔬菜、飞禽走兽、山川风景、亭台楼阁等皆能入画，表现出丰富多彩的生活情调。

人物情景纹，主要有百子图、戏婴图、仕女、神仙等，分别有其对应的含义，更加丰富了纹样的内涵，使精美的服饰品百看不厌。

参考资料

1. 刘玉堂，张硕．长江流域服饰文化．武汉：湖北教育出版社，2005.

2. 全国文化资源共享工程网站（http：//www. ndcnc. gov. cn）.

3. 黄能馥，陈娟娟．中国服装史．北京：中国旅游出版社，1995.

4. 徐海棠．中国服饰大典．北京：华夏出版社，2000.

5. E景苑（http：//www. esgweb. net）.

6. 徐珂．清稗类钞．北京：中华书局，1986.

7. 柯基生．三寸金莲．台湾：产业情报杂志社，1995.

8. 岳永逸．飘逝的罗衣．北京：中华工商联合出版社，2003.

9. 郑婕．中国古代人体装饰．北京：世界图书出版社，2006.

10. 谢国桢．两汉社会生活概述．西安：陕西人民出版社，1985.

11. 赵超．云想衣裳．成都：四川人民出版社，2004.

12. 许嘉璐．中国古代衣食住行．北京：北京出版社，2002.

13. 李玉明．山西民间艺术．太原：山西人民出版社，1991.

14. 孔新苗．齐鲁民间造型艺术．济南：山东画报出版社，2005.

15. 赵屹．天下无女不绣花．中国民艺网（http：//www. art086. com）．

16. 宋俊华．中国古代戏剧服饰研究．广州：广东高等教育出版社，2003.

17. 陈觅．潮汕民俗大观．

18. 贝闻喜，刘青山，李铎．潮汕半山客．中共揭西县委、潮汕历史文化研究中心联合出版．

19. 江苏文化网（http：//www. jscnt. gov. cn）．

20. 长白山区满族民间服饰小考．本山在线（http：//www. zbs. cn）．

21. 庆阳香包节网站（http：//www. qyxbj. cn）．

22. 本文中未注明出处的图片均由北京服装学院民族服饰博物馆提供．